고맙습니다 성령님

고맙습니다 성령님

손기철

규장

추천의 글

전형적인 과학자로서 이성과 의지로 하나님을 섬겨오던 저자가 성령님께 붙들려 그분과 동행하는 삶을 살게 된 과정을 담은 이 책은 성령님의 지혜와 사랑과 능력을 알게 하는 데 매우 고무적입니다. 이 책을 읽는 분마다 성령님과 친밀한 교제를 나누고 동행하는 복된 삶을 체험하며, 하나님의 아들 그리스도를 나타내고 증거하는 향기와 빛이 되기를 기원하여 적극 추천합니다.

조용기 목사_여의도순복음교회

성령론(聖靈論)은 세계 교회나 한국 교회가 일치된 견해나 고백을 갖지 못한 영역입니다. 따라서 독자들이 이 책의 모든 내용에 동의하지 못할지 모르지만, 저자를 찾아와 만져주신 성령님의 실재만큼은 아무도 부인하지 못할 것입니다. 열린 마음으로 이 책을 여는 분들은 성령님에 대한 흥미진진한 간증을 감동적으로 풀어낸 이 이야기를 통해 각자가 필요로 하는 성령의 만지심을 느끼게 될 것입니다.

이동원 목사_지구촌교회

'**성**령의 사람', 이것은 이 땅의 모든 그리스도인들을 향한 하나님의 꿈입니다. 이 책에는 성령 안에서의 삶이 얼마나 능력 있고 복된 삶인가에 대한 감동이 담겨 있습니다.

김은호 목사_오륜교회

'과학자가 성령 사역을?' 좀처럼 어울릴 것 같지 않은 두 영역, 즉 이성과 초이성의 영역을 하나로 통합한 장본인이 여기 있습니다. 오순절을 통과한 베드로의 극적인 변화처럼, 사복음서적 신앙생활에서 사도행전적인 신앙생활로 도약하라고 강력하게 도전하는 손기철 교수는 말씀과 성령의 체험에 기초한 균형 잡힌 신앙인의 표본입니다. 이 책은 성스러운 영역과 세속적인 영역을 나누어 이원론(二元論)의 함정에 빠지기 쉬운 현대 그리스도인들에게 성령의 임재 가운데 나타난 하나님나라의 권세와 부요함을 통해 그리스도의 주권과 통치를 세상 속에서 힘있게 이루어 가도록 우리를 안내합니다.

정진호 교수_평양과학기술대학 설립부총장

손기철 장로님은 우리 시대에 가장 지성적이면서도 깊은 성령의 능력을 소유한, 보기 드문 인물이라고 확신합니다. 이미 뛰어난 치유 사역을 통해 수많은 이들을 회복시키는 결실을 거두셨습니다. 장로님의 말씀을 들으면 깊고 본질적인 통찰력에 감탄하면서 영혼이 치유, 변화되는 것을 느낍니다. 무엇보다 내가 손 장로님을 좋아하고 존경하는 가장 큰 이유는 오직 하나님나라를 지향하는 그의 순전한 열정 때문입니다. '성령'이라는 주제로 작업을 정하고 주님의 마음에 합한 사역자를 소개해달라고 구했을 때, 하나님께서 손기철 장로님을 만나게 해주셨습니다. 그리고 그 분을 통해 하나님나라와 성령님의 역사에 눈을 뜨고, 같이 동역하게 되었습니다. 이 책이 내게 그랬던 것처럼 많은 이들에게 '하나님나라'와 '성령님의 역사'에 대해 매우 실제적으로 '영의 눈'을 열어주는 귀중하고 능력 넘치는 안내서가 될 것이라 믿습니다.

김우현 감독_《팔복》,《하늘의 언어》저자

프롤로그

성령님이신 우리 하나님을 초청합니다

나는 그리스도인이 된 후에도 오랫동안 생활과 학문과 신앙이 제각각인 삶을 살았을 뿐 아니라, 성경을 통해서도 삼위일체 하나님에 대한 역사적 사실에만 관심을 두었습니다. 그동안 열심히 헌신하고 봉사했지만 율법적인 신앙생활에서 벗어나지 못했고, 마음에 진정한 자유와 기쁨이 없는 나날을 보냈습니다.

그러나 성령님이 내 심령에 찾아오신 후에는, 하나님이 지금도 살아 계시며, 우리와 교제하기를 원하시며, 지금 이 땅과 우리에게 지극히 관심을 가지고 계시다는 것을 알게 되었습니다. 성령님과 올바르게 교제하고 나서야 비로소 그분이 누구이신지를 알게 되었습니다. 우리가 인격이듯이 성령님도 영이신 인격이십니다.

많은 사람들이 처음 성령님을 알게 된 후에 그분을 어떻게 대해야 할지 몰라 힘들어 합니다. 예수님을 찬양하고 하나님을 높이는 것은 자연스럽지만, 성령님을 높이는 것은 마치 무엇인가 잘못된 일을 하는 것처럼 느끼는 경우가 많습니다. 그러나 성삼위 하나님이 성부, 성자, '성경'이 아닌 성부, 성자, '성령' 임을 고백한다면, 하나님이신 성령님을 찬양하고 높이는 것은 당연한 일입니다. 우리는 성령님을 존귀하게 여기고 경배해야 합니다. 그분이 바로 하나님이시기 때문입니다.

성령님은 태초부터 계셨습니다. 우리 안에 '생기'(生氣)로 오셨던 그분은 인간의 타락 이후, 성막이나 성전에만 '영광'(쉐키나)으로 임재하셨습니다. 그러나 하나님은 구약의 예언을 통해 말세에 바로 그 하나님의 영을 모든 육체에 부어주실 것과 그전에 예수님을 세상에 보내주실 것을 말씀하셨습니다. 그리고 마침내 2천 년 전에 이 땅에 예수님을 보내셨고, 주님이 승천하신 후 성령님이 오셔서 그 예언이 그대로 성취된 것을 우리가 보게 되었습니다.

결국, 신앙이란 나에게 찾아오신 그 영(성령)과 교제하고, 그분께 순종하며, 그분의 뜻에 따르는 삶을 사는 것입니다. 성경은 우리를 그분에게 인도하는 길입니다.

이제 나는 내가 나눈 성령님과의 교제를 소개하여 그분과 교제하기를 두려워하거나 주저하는 과거의 나와 같은 지성적 복음주의 교회의 성도님들에게 살아 계신 성령님을 증거하고자 합니다.

이 책을 읽는 당신은 하나님의 사랑에서 결코 예외가 아닙니다. 당신이 이 책을 손에 잡았을 때, 이미 성령님의 임재와 역사는 시작되었습니다. 당신이 이 책을 읽는 동안 성령세례뿐만 아니라 날마다 그분의 임재 안에 거하고, 기름부으심도 받기를 기도합니다. 그리고 주신 권세와 능력으로 각자 맡은 바 처소에서 하나님나라를 넓히기를 간절히 소망합니다.

이 책을 집필하기까지 수많은 분들의 가르침, 도움, 격려, 위로 그리고 간절한 기도가 있었습니다. 누구보다도 온누리교회 하용조 목사님께 말할 수 없는 사랑과 감사를 표합니다. 평신도를 세우시는 그 분의 용단과 배려가 아니었다면, 오늘의 저는 없었을 것입니다. 또한, 그동안 국내외 많은 목사님들께서 나의 영적 성숙과 기름부음 사역에 도움을 주셨습니다. 그 분들의 기도와 호의와 격려에 진심으로 감사드립니다.

나는 이 책의 겉표지일 뿐, 수년 동안 함께 동역해온 월요치유집회 스태프들의 끊임없는 사랑과 섬김이 이 책을 제본한 풀이며, 집회에 참석하여 함께 영광의 임재와 치유를 맛본 수많은 성도들과 간증을 통해 하나님께 영광을 올려드린 분들이 바로 이 책의 내용입니다. 마지막으로,

내 인생 최고의 하나님 선물인 아내의 사랑이 이 책의 하얀 종이입니다.

그리고 이 책의 필요성을 역설하며 집필하는 동안 내내 주 안에서 아름답고 열정적인 교제를 나눈 규장의 여진구 대표와 직원 분들에게 감사의 마음을 전합니다.

Thank You, Holy Spirit!

일터에서
손기철

차례
contents

추천의 글

프롤로그

1 part 성령님의 방문 : 예수님을 주인으로 모시다

이상한 과학자 14

성령님과의 아쉬운 만남 24

인간적인 열심과 이성의 한계 32

2 part 성령님의 포옹 : 성령님의 품속에 안기다

내 영을 적신 성령세례의 단비 44

나를 정화시켜가시는 성령님의 손길 57

능력이 임하는 기름부으심 67

3 part 성령님의 입술 : 하늘의 소리를 듣고 말하다

제발 성경공부 좀 해라 76

성령님의 음성을 듣는 법 85

방언으로 성령님과 교제하다 98

예수님의 권세로 선포하다 111

진정한 하나님나라의 백성으로 122

T H A N K Y O U H O L Y S P I R I T

4 *part.* 성령님의 권능 : 성령님의 나타나심과 능력으로 쓰임받다

성령님의 연장통을 여는 열쇠 130
거룩한 부담감과 감사하는 마음 146
사랑을 따라 행하는 은사들 155
아주 특별한 위임식 167
기름부으심을 흘려보내다 179

5 *part* 성령님의 꿈 : 성령님이 열어주시는 새 길을 따르다

성령님에 대한 잘못된 선입견 194
성령님을 초청하는 실제적 방법 206
충성하는 사도 바울의 삶 224
성령님이 주신 더 큰 비전 234

에필로그

1

THANKYOUHOLYSPIRIT

성령님의 방문

: 예수님을 주인으로 모시다 :

성령이 친히 우리 영으로 더불어 우리가 하나님의 자녀인 것을 증거하시나니 _롬 8:16

이상한 과학자
ThankYouHolySpirit

"교수님, 이제 그만하시는 게 좋을 것 같아요!"

내 실험실의 대학원생이 더는 못 참겠는지 얼굴을 찡그리며 말했습니다. 시계를 보니, 이야기를 시작한 지 벌써 40분이나 흘렀습니다. 나는 그 학생이 예수님을 믿지 않는 게 너무 안타까워서, 같이 이야기를 해보려고 퇴근도 하지 않고 학생을 기다렸습니다. 그리고 "하나님을 아느냐? 사는 게 뭔지 아느냐?" 하면서 이야기를 시작했는데, 학생의 인내심이 그만 한계에 달했나봅니다.

나는 건국대학교 생명환경과학대학의 교수이자 성령님께 붙들려 살아가는 사람입니다. 과학자와 성령 사역자라는 전혀 어울리지 않는 이름을 둘 다 가진 나는, 많은 학생들 사이에서 그야말로 연구 대상으로 취급을 받습니다. 어떻게 가장 이성적인 학문을 하는 사람이 가장 비이성적인 일을 하느냐는 것입니다. 비단 학생들만이 아닙니다. 세상 사람들은 물론 그리스도인들도 내 경력을 알게 되면 의아하게 생각합니다.

지금 내 앞에 앉아서 얼굴을 찡그리고 있는 이 학생 눈에도 나는 참 이상한 교수입니다. 실험실에서 대학원생들과 함께 밥을 먹을 때도 아무 거리낌 없이 기도하고, 좋은 일이든 나쁜 일이든 하나님께 감사하고, 학생들이 아프다면 일일이 기도하는 등 교수생활과 신앙생활이 구분이 안 되는 사람이기 때문입니다. 그 학생이 계속 말을 잇습니다.

"교수님, 예수님이나 성령님 이야기 더 하시면, 서로 민망해지기만 하잖아요. 저희 집은 하나님을 믿지 않을 뿐 아니라 불교 집안이에요. 그러니 그런 말씀 그만하세요."

할 수 없이 학생의 어깨 위에 손을 살며시 올려놓으며 "그래, 알았다" 하고 말았습니다. 내심으로는 다음 기회를 또 기약하면서 말입니다. 자리에서 일어서서 나가는 학생의 뒷모습을 보고 있자니, 꼭 젊었을 때의 나를 보는 것 같았습니다.

'난 할 수 있다!'의 시절

나는 지방의 불교 집안에서 자라나, 대학에 진학하기 위해 서울로 유학을 왔습니다. 지금 학생들을 가르치고 있는 건국대학교에서 공부했고, 같은 대학교 대학원에서 계속 공부했습니다.

오랫동안 방황하던 학부 시절, 동국대 승려학과에 편입시험을 친 적도 있었습니다. 하지만 마지막 무렵에 공부에 재미를 붙여, 대학원생 시절에는 학업에 대한 자신감으로 똘똘 뭉쳐 있었습니다. 전공 공부에 푹 빠져서 정말 정신없이 공부했습니다. 이렇게 노력한다면 앞으로 무엇이든 해낼 수 있을 것 같았습니다.

실제로 모든 일들이 그렇게 풀려갔습니다. 대학원을 마치고 학교에서 조교로 일했고, 석사장교로 군복무도 마쳤고, 아름다운 아내와 결혼도 했습니다. 곧 미국의 6개 대학원에서 입학 허가서까지 받았고, 그중에 메릴랜드대학교 대학원을 선택했습니다. '난 할 수 있다!'는 신념에 사로잡혀서 정말이지 앞만 바라보고 열심히 달렸습니다.

"여보게, 손 군, 자네 말이야…."

그런데 이런 나를 한 번씩 불러 세워, 자꾸만 다른 길을 보여주려는 한 분이 계셨습니다. 바로 내가 존경하는 지도교수님이셨습니다. 그 분은 학문적으로는 나를 인정하고 내 실력과 노력을 높이 사셨지만, 그것이 인생의 전부이거나 목적은 아니라고 말씀하곤 하셨습니다.

그러나 나야말로 그 분을 사랑하고 존경했지만, 뜬구름 잡는 교회 이야기를 하실 때만큼은 귀를 막고 싶었습니다. 교수님의 권유와 회유 그리고 교묘한 작전으로 몇 번인가 교회에 끌려가다시피 했지만, 그때마다 똑같은 생각이 들었습니다.

'정말이지 교회는 좋은 곳이 못 돼. 이렇게 북적대고 사람들이 많이 모인 곳에서 어떻게 조용히 인생에 대해 생각하겠어? 한 번밖에 못 사는 인생을 맹목적이고 낭만적인 신앙으로 낭비할 수는 없어!'

아내와 함께 미국으로 떠나는 날, 교수님은 유학 가는 제자를 배웅하려고 사모님과 함께 공항까지 나오셨습니다. 그러고는 원하지도 않는 기도를 해주시며 나와 아내의 손을 꼭 붙들고 말씀하셨습니다.

"미국 가면 꼭 신앙생활 하게."

'또 신앙 이야기시네. 공부 잘 하라거나 건강하게 지내라는 이야기나 해주시지.'

나는 그 말씀을 코웃음으로 넘기고 미국으로 가는 비행기에 올랐습니다. 과학자로 크게 성공하고 돌아올 생각에 가슴이 부풀었습니다.

뜻이 있었다

미국에 가면 온갖 기회와 행복이 나를 기다릴 줄만 알았습니다. 그러나 생각지 못한 불행이 찾아왔습니다. 유학 온 지 약 2개월이 지났을 무렵, 장학금을 준다고 해서 선택한 메릴랜드대학교에서 그곳의 지도교수님이 끔찍한 말씀을 하시는 겁니다.

"박사 과정으로 왔지만, 실력이 형편없으니 석사부터 다시 하게."

"교수님, 그게 무슨 말씀이세요? 어떻게 2개월 만에 저를 그렇게 평가하실 수가 있으세요? 조금만 더 시간을 주세요."

"더 생각해볼 것 없네!"

하늘이 무너지는 것 같았습니다. 석사 과정부터 다시 하는 것은 자존심이 허락하지 않는 일이어서, 결국 공부를 그만두고 말았습니다. 그 후 나는 두어 달 동안을 집안에서 지내며 무위도식(無爲徒食)으로 시간을 보냈습니다. 캄캄한 절벽 앞에 선 느낌이었고, 매일 잠자리에 들 때마다 아침이 오지 않기를 소원했습니다.

그 당시 아내는 한국 음식점에서 종업원으로 일하고 있었고, 내가 규칙적으로 하는 유일한 일이란 아내가 받아온 팁을 헤아리는 일뿐이었습니다. 미국에 와 계시던 어느 한국인 교수님이 다른 대학을 연결해주고자 하셨지만, 나는 한 번 상한 마음을 쉽게 되돌리지 못하고 학문에 대한 길을 포기하고 있었습니다.

그러나 이 암흑과도 같은 시기가 하나님께서 미리 예정해놓으신 시간이었다는 것을 한참 후에 깨닫게 되었습니다. 그 당시 나는 전혀 알지 못했지만, 아내는 하나님께 눈물로 매달리고 있었습니다.

"하나님, 다시 한 번 남편에게 공부할 기회를 주세요."

잠깐 아내 이야기를 하자면, 아내는 어릴 때부터 교회생활을 했고, 대학 때 교회학교 교사도 오래 했지만, 실은 세례도 받지 않은 이상한 교인이었습니다. 남편 한 사람만 믿고 결혼해서 유학 길에 올랐는데 공부한 지 두 달 만에 포기하라니, 얼마나 답답하고 남편이 한심스러웠겠습니까? 너무나 급한 상황에서 간절한 기도가 나올 수밖에 없었으리라 여겨집니다.

내가 막무가내로 한국으로 돌아가겠다고 하니까, 아내는 내가 유학 올 때 입학 허가를 받았던 여러 대학교 가운데 하나인 조지아대학교(Univ. of Georgia)에 한 번 같이 다녀온 후 돌아가자고 하며 겨우 내 뜻을 받아들였습니다. 왜 그곳을 선택했는지는 잘 모르지만 아내의 간청을 뿌리칠 수 없었습니다. 그래서 그곳 교수에게 방학이라 방문하고 싶다고 말하고, 1985년 12월 29일에 승용차로 조지아 주(州)의 아덴스(Athens)까지 긴 여행을 떠났습니다.

조지아대학교에서 2미터에 가까운 장신(長身)인 케이즈(Kays) 박사님을 처음 만나 학교 소개도 받고, 그 분이 다른 박사들과 함께 연구하는 미국 농무성 소재 러셀 리서치 센터(Russell Research Center)의 식물화학(phytochemistry) 실험실도 안내를 받았습니다. 그런데 아무 생각 없이 아내의 요구나 한번 들어주자고 방문한 학교에서 나는 몇 달 만에 처음으로 이곳에서라면 다시 공부해보고 싶다는 생각이 들었습니다.

착잡한 심정으로 아무 말 없이 학교를 둘러보고 돌아오던 차 안에서, 나는 아내에게 나직이 내뱉듯 말했습니다.

"여보, 이상한 일이지만, 식물화학 실험실에 갔을 때 말이야. 옛날처럼 다시 공부해보고 싶다는 생각이 들었어. 우습지?"

그러자 아내가 갑자기 하염없이 울기 시작했습니다. 그 생각이 든 것은 내 뜻이 아니라 자신이 하나님께 기도한 결과라는 것이었습니다. 하나님을 알지 못하는 나로서는 무슨 소리인지 알 수 없었지만, 평생에 가장 간절한 기도를 했다고 울면서 말하는 아내의 모습을 보며, 그 말이 거짓이 아닐 거라는 생각이 들었습니다.

돌아오자마자 케이즈 박사님에게 연락했고, 놀랍게도 번갯불에 콩 구워 먹듯이 불과 며칠 만인 1986년 1월 6일부터 조지아대학교에서 박사과정 첫 수업을 받게 되었습니다. 나중에 알게 되었지만, 모든 일은 한 치의 착오도 없는 하나님의 뜻 안에 있었으며, 아내의 간절한 기도의 응답이었습니다.

> 내가 너희에게 말하노니 비록 벗 됨을 인하여서는 일어나 주지 아니할지라도 그 강청함을 인하여 일어나 그 소용대로 주리라 내가 또 너희에게 이르노니 구하라 그러면 너희에게 주실 것이요 찾으라 그러면 찾을 것이요 문을 두드리라 그러면 너희에게 열릴 것이니
>
> _눅 11:8,9

한 학기가 끝날 무렵 장학금도 받았고, 우스운 이야기이지만 한국에서 수재(秀才)가 왔다는 소문이 날 정도로 공부가 잘 되었습니다. 그만큼 공부 재미에 푹 빠져 지냈습니다. 그곳에서 나는 아내가 교회에 나가는 것을 묵인했습니다. 내가 교회에 나가기 전까지 교회 성도들은 대부분 아내가 미혼인 줄 알았다고 합니다.

엉뚱하게 시작한 신앙생활

열심히 오로지 공부에 집중하고 있는데, 여기서도 나를 방해하는 사람들이 있었습니다. 바로 한국에서 온 크리스천 유학생들이었습니다.

그들은 한결같이 교회에 나가자고 권유했습니다.

그러나 미안한 말이지만, 나는 그들을 정신 나간 사람들이라고 생각했습니다. 먼 이국땅까지 공부하러 와서, 없는 교회를 만들고 하나님을 믿는다며 물불을 가리지 않는 그들이 제정신일 리가 없다고 생각한 것입니다. 한편으로는 그들을 외국생활에 적응하지 못한 집단으로 여겼습니다.

그러던 어느 날, 아내가 다니는 교회에 새로 부임한 목사님이 사모님과 함께 심방을 온다고 하기에 허락했습니다. 목사님이 오셔서 하는 이야기를 그냥 듣고만 있었는데, 어느 말이 제 귀에 확 거슬렸습니다.

"형제님은 죄인이십니다."

'무슨 소리야? 터무니없이! 크리스천 유학생들이 그렇게 괴롭히더니, 이제 목사까지 와서 나를 죄인 취급해?!'

> 기록한 바 의인은 없나니 하나도 없으며 깨닫는 자도 없고 하나님을 찾는 자도 없고 _롬 3:10,11

나는 너무 화가 나서 온갖 지식을 동원해 기독교를 공박했습니다. 특히 옆에서 자꾸 말을 끼어드는 사모님이 너무 얄밉게 느껴졌습니다. 나는 화를 참지 못하고 마침내 너무 어처구니없는 맹세까지 하고 말았습니다.

"당신이 지금 한 말이 사실인지 아닌지 내가 확인해볼 거요. 그래요,

딱 1년만 믿어보겠소. 만약 당신이 한 말이 사실이 아니라면, 각오해야 할 거요. 내가 도시락 싸들고 다니면서 교회 문 앞에 앉아 한 사람도 예배드리지 못하게 할 테니!"

그 당시 유학생들 중에는 꽤 많은 이들이 골프에 빠져서 1,2년씩 학업이 늦어지기도 했으니 1년 정도의 시간을 투자하여 하나님이 없다는 것을 밝혀낸다면 충분히 해볼 만한 가치가 있다고 생각한 것입니다.

나는 아덴스한인장로교회에서 이렇게 엉뚱하게 교회생활을 시작했습니다. 하나님이 없다는 것을 확실히 밝혀내기 위해 예배는 물론, 성경공부나 구역모임에도 빠지지 않고 다녔습니다. 꿈같은 이야기만 적혀있다고 생각한 성경도 열심히 읽었습니다.

그런데 처음에는 목사님이나 다른 교우들을 골려주기 위해 이상한 질문을 하고, 그들이 얼굴 붉히는 것을 보는 재미로 교회에 다녔는데, 소기의 목적을 달성하기는커녕 몇 달 후부터는 오히려 교회에 갈 때마다 회개와 감사의 눈물이 흐르는 것이었습니다. 특히 금요철야예배 때 듣는 모든 말씀이 나를 향한 것처럼 가슴에 와 닿았습니다.

'이게 어떻게 된 거지?'

내 마음밭이 조금씩 조금씩 옥토로 바뀌는 것을 느끼고 스스로 너무나 놀랐습니다. 로마서를 가지고 성경공부 하는 교회 소그룹에서 나는 드디어 나를 향한 하나님의 말씀을 발견하게 되었습니다.

> 이 사람아 네가 뉘기에 감히 하나님을 힐문하느뇨 지음을 받은 물건이 지은 자에게 어찌 나를 이같이 만들었느냐 말하겠느뇨 토기장이가 진흙 한 덩이로 하나는 귀히 쓸 그릇을, 하나는 천히 쓸 그릇을 만드는 권이 없느냐_롬 9:20,21

그러더니 평생에 한 번도 생각해본 적이 없던 생각이 나를 지배하기 시작했습니다. 한국에서 재수하던 시절에 몇 달 동안 절에도 있어보았지만, 그때도 우주의 중심은 나였습니다.

그러나 '만약 내가 정말로 지음을 받은 자라면…' 하는 생각이 들자, 믿음이 생기고 그전까지 허황하다고만 느껴졌던 말씀이 진리처럼 느껴지기 시작했습니다. 나는 마음속에 피어나기 시작한 믿음을 입 밖으로 표현했습니다.

"오, 예수님, 당신이 나의 구세주요, 주님이십니다."

이제 내게 다른 세상이 펼쳐지기 시작했습니다.

성령님과의
아쉬운 만남
Thank You Holy Spirit

미국 교회에는 새벽기도회라는 것이 없습니다. 하지만 아덴스한인장로교회는 한국 교회의 전통을 살려 매일 새벽, 기도회를 열었습니다. 나는 그때 막 예수님을 알고 첫사랑에 빠진 터라, 새벽기도회에도 가능한 한 열심히 참석했습니다. 새벽기도회에는 성도들이 많이 나오지 않아 목사님과 나, 둘이서 예배를 드리는 날도 많았습니다.

뜻밖의 성령체험

그날도 차가운 아침 공기를 마시며 이른 새벽, 교회에 갔습니다. 아마 토요일이었던 것 같습니다. 정시가 되어도 다른 성도들은 오지 않았습니다. 여느 때처럼 목사님은 목사님대로 단 한 명뿐인 성도를 위해 전심으로 말씀을 전하셨습니다. 그러고 나서 강단에서 기도하셨고, 나는 예배실 의자에 앉아서 기도했습니다.

다른 때보다는 조금 더 오래 기도했던 것 같습니다. 갑자기 목사님께서 무슨 이유에서인지 내게 다가오셨습니다. 그리고 청하지도 않았는데, 내 머리에 손을 얹고 기도하기 시작하셨습니다. 아마 하나님께서 목사님의 마음에 어떤 감동을 주셨던 모양입니다.

그런데 내 머리 위에 올린 목사님의 손이 점점 더 무겁게 느껴졌습니다. 마치 목사님이 손 하나로 누르는 게 아니라 나를 올라타고 온몸으로 누르는 것 같았습니다.

'아! 이러다가 허리 부러지겠는데.'

처음에는 분명히 손을 살짝 머리에 얹은 것 같았는데, 나중에는 철판 같은 것으로 내리누르는 듯한 느낌이 들었습니다. 내 허리가 뒤쪽으로 동그랗게 꺾여서 점점 아래로 내려가고 있는 것을 느낄 수 있었습니다.

'이러시면 안 되는데. 이러면 내 허리 부러지는데….'

도저히 더 견딜 수가 없었습니다. 나는 교회 바닥을 막 뒹굴면서 큰소리로 외쳤습니다.

"내 허리 부러져요!"

내 생각에는 분명히 그렇게 외친 것 같았습니다. 그러나 입에서 터져 나온 것은 전혀 다른 말이었습니다.

"아라라라라 라라카카!"

바로 방언이었던 것입니다!

'오, 하나님, 감사합니다!'

그날 목사님이 교회를 떠나신 후에도 나는 계속해서 방언기도를 드렸습니다. 알지 못하는 말이 입에서 쉴새없이 쏟아지면서, 허리를 부러뜨릴 것 같던 무게감 대신에 날아갈 듯한 가벼움을 온몸으로 느꼈습니다.

> 바울이 그들에게 안수하매 성령이 그들에게 임하시므로 방언도 하고 예언도 하니_행 19:6

> 저희가 다 성령의 충만함을 받고 성령이 말하게 하심을 따라 다른 방언으로 말하기를 시작하니라_행 2:4

교회를 나오면서 구름 위를 산책하는 기분이란 게 어떤 것인지 비로소 알게 되었습니다. 놀랍게도 내 마음에 기쁨 말고는 다른 것이 아무것도 남아 있지 않았습니다. 새벽기도회를 다니며 늘 오가던 길의 공기가 그날은 무척 다르게 느껴졌습니다. 구름 위를 둥둥 떠다니듯 사뿐사뿐 걸음을 옮기면서 속으로 생각했습니다.

'뭔가 달라졌다! 뭔가 내가 알지 못하는 일이 내 안에서 일어났다!'

기쁨을 쫓아내버린 부담감

너무나 안타깝게도 구름 위의 산책은 단 3일 만에 끝나고 말았습니다. 세상이 새롭게만 보이던 콩깍지도 3일이 지나자 벗겨지고, 마음속을 가득 채웠던 기쁨도 곧 시들해졌습니다. 그때 내가 성령님을 제대로 알지 못했기 때문입니다.

성령님과의 만남이 일회적인 경험으로 끝나버리고 나서, 성령님을 다시 만나 성령충만한 삶을 시작하기까지 십수 년이란 세월을 그냥 흘려보내게 된 것입니다. 성령님께 내 자아를 온전히 드리지 못했기 때문입니다. 지금 돌이켜보면, 저는 '성령세례'가 아닌 '성령체험'을 한 것입니다.

오히려 그때 나의 처지는 그전보다 더 나빠졌습니다. 기쁨이 가라앉자 부담감이 밀려오기 시작했습니다.

'하나님께서 나를 만나주시고 방언까지 주셨는데, 나도 그만한 보상을 해야 하지 않겠어? 그만큼 헌신해야 마땅하지.'

그래서 인간적인 생각으로 하나님께 헌신하려고 무척 애를 썼습니다. 그러나 여전히 죄를 지었습니다. 어떻게 나의 노력으로 100퍼센트 거룩한 삶을 살 수 있겠습니까?

많은 사람들 앞에서, 특히 교회 안에서 더욱더 괜찮고 멋진 사람으로 보이기 위해 갖은 애를 썼습니다. 누구보다 사랑이 많은 사람처럼 얼굴에 미소를 띠고 헌신하고 봉사했습니다. 그러나 내 삶의 비밀을 다 아는 내 아내와 아들로부터는 결코 존경을 받을 수 없었습니다. 그들 눈에 나는 이중인격(二重人格)의 위선적인 가장으로 보였을 뿐입니다.

잔인한 율법의 시대

그 시절, 답답하고 짓눌려 있던 우리 가정의 모습은 너무 안타까웠습니다. 주일 오전, 교회에 가기 위해 아내가 준비를 합니다. 나는 현관문 앞에 서서 신경질적으로 손목시계를 자꾸 들여다봅니다. 정시에 도착하지 못할 정도로 빠듯하게 시간이 남은 건 아닙니다. 하지만 나는 마냥 시간을 끄는 것 같은 아내에게 화가 납니다. 발을 동동 구릅니다. 화가 치밀어서 결국 아내에게 소리를 지릅니다.

"빨리 안 나오고 대체 뭐 하는 거야?"

평일 저녁, 낮 동안 집안일로 지친 아내가 텔레비전을 켭니다. 텔레비전 소리에 내가 버럭 화를 냅니다.

"왜 TV를 켜? 성경 읽어야지. 시간이 나면 성경 봐야 할 것 아냐!"

"사람이 그렇게만 살 수는 없잖아요. 좀 쉬고 싶어요."

내 안에서 또다시 화가 끓어오릅니다.

어느 날, 텔레비전에서 아프리카 어린이들을 위해 헌금을 모으는 기독교 프로그램이 방송되었습니다. 나는 앞도 뒤도 없이 아내에게 말합니다.

"100달러 보내자."

아내가 펄쩍 뜁니다. 그때 나는 가정 경제에 대해서는 아무것도 모르고 공부만 하고 있었습니다. 가난한 유학생 부부의 살림을 도맡고 있는 아내는 기가 찰 노릇이지요.

"100달러가 우리한테 어떤 돈인지 알아요?"

"무슨 소리야? 하나님의 일을 하자는데! 하나님이 먹여주신다는데 그렇게 믿음이 없어?"

결국 나는 내 마음대로 100달러를 보내버립니다.

당시 내가 가족들을 향해 하는 말은 항상 같았습니다.

"왜 이렇게 했어? 하나님을 믿는 사람이 이래서 되겠어?"

그렇게 비판하고 정죄할 때 가족들은 얼마나 마음이 아팠겠습니까.

'정말 하나님이 함께하신다면 사랑이 넘쳐야 하는 게 아닐까. 남편이 믿음은 더 좋아졌는데, 왜 더 율법적이고 비판적으로 변한 걸까?'

내가 율법적으로 하나님께 더 가까이 가려 하면 할수록, 아내와 아들은 내게서 멀어져 갔습니다. 그 후 진정한 성령세례를 받고 하나님의 은혜를 체험하여 과거의 율법주의적인 생활을 청산하기까지, 가족들의 마음고생이 이만저만한 게 아니었습니다.

한번은 아내가 내게 "당신은 참 미숙하고 잔인하다"라고 말한 적이 있었습니다. 그때는 너무 터무니없는 말이라고 생각했지만, 후에 돌이켜보면서 나의 삶이 사랑도 용납도 없는 그런 삶이었음을 알게 되었습니다.

> 그러므로 남을 판단하는 사람아 무론 누구든지 네가 핑계치 못할 것은 남을 판단하는 것으로 네가 너를 정죄함이니 판단하는 네가 같은 일을 행함이니라_롬 2:1

> 율법 안에서 의롭다 함을 얻으려 하는 너희는 그리스도에게서 끊어지고 은혜에서 떨어진 자로다_갈 5:4

깨닫지 못한 성령님과의 인과관계

성령님을 만나거나 방언을 받았더라도, 그분이 어떤 분인지 알지 못한다면 삶의 변화는 결코 일어나지 않습니다. 오히려 나의 경우처럼 더 율법적으로 변할 수도 있습니다.

그러므로 성령님을 만난 후에 성령충만을 유지하는 것은 대단히 중요합니다. 성령충만은 성령세례(단순한 성령체험이 아니라 자신의 자아를 성령님께 드리는 만남) 후에 지속적으로 자아를 그분께 순종시켜서 삶의 모든 영역에서 성령님의 인도하심을 받는 것을 말합니다. 이럴 때 우리의 삶에 성령의 열매가 맺히게 됩니다.

> 오직 성령의 열매는 사랑과 희락과 화평과 오래 참음과 자비와 양선과 충성과 온유와 절제니 이 같은 것을 금지할 법이 없느니라_갈 5:22,23

> 만일 우리가 성령으로 살면 또한 성령으로 행할지니_갈 5:25
> Since we live by the Spirit, let us keep in step with the Spirit.

그러나 유학생활 동안에는 성령님이 누구신지, 성령충만한 삶이 무엇인지 알지 못하고, 오직 성경말씀과 내 이성만을 붙들고 신앙생활을 했습니다. 인격적인 성령님과 교제하고 그분께 순종하며 매일 그분의 인도하심을 받는 삶에 대해서는 전혀 알지 못했습니다. 더욱이 지금처럼 성령님의 기름부으심을 받고 치유 사역자로 쓰임받게 될 줄은 꿈에도 생각하지 못했습니다.

인간적인 열심과
이성의 한계
ThankYouHolySpirit

하나님께서는 내게 학문을 할 수 있는 지혜를 넘치도록 부어주셨습니다. 그래서 박사 과정 공부를 새로 시작한 지 3년 4개월 만에 학위를 받게 되었습니다. 또 그동안 나와 내 지도교수님이 조지아과학학회에서 각각 우수논문상 및 올해의 과학자상을 받았고, 그 소식이 지방신문에도 실리는 주님의 은혜를 입었습니다.

학위를 받고, 그곳에서 '박사 후 과정'(post-doc.)을 9개월 남짓 하면서 아예 집도 교회 근처로 이사를 했습니다. 그리고 하루에 최소 두 번씩 교회에 가서 텅 빈 예배당에서 하나님과 깊은 사랑을 나누었습니다.

나는 모교에서 후배들을 가르치기를 원했습니다. 1년 동안 기도했을 때, 주님께서 그 길도 열어주셨습니다. 1990년 귀국 후 학교에서 열심히 학생들을 가르치고 전도했습니다. 그러나 열심은 특심이었지만 지혜와 긍휼이 없었고, 여전히 율법적으로 살았습니다.

그때 지혜롭게 하지 못한 일들 가운데 특별히 기억나는 일이 하나 있습니다. 중간고사 때 학생들에게 답안지에 성경구절을 적으라고 한 일입니다. 한 학기 동안 나는 강의를 시작하기 전에 늘 칠판 맨 위쪽에 성경구절을 적어놓곤 했습니다. 그때 내가 적었던 말씀 가운데 기억나는 다섯 구절을 쓰면 시험 점수를 올려주겠다는 뜻이었습니다.

이 일로 학생들 사이에 "교수를 뽑았더니 목사가 웬 말이냐"라는 소문이 퍼지기 시작했고, 급기야 당시 학장으로부터 개인 신앙도 좋지만 그렇게 하는 건 무리라는 지적을 받았습니다. 지금 생각해보면, 신앙에 열심을 낸 나머지 형평성을 잃고 도리어 하나님의 이름을 욕되게 했던 것 같습니다.

> 율법을 자랑하는 네가 율법을 범함으로 하나님을 욕되게 하느냐
> 기록된 바와 같이 하나님의 이름이 너희로 인하여 이방인 중에서
> 모독을 받는도다_롬 2:23,24

논리로는 이기고 생명은 잃고

강단에서 생화학을 가르치기 시작하자, 그전까지 '내가 하고 있는 학문은 하나님이 주신 선물'이라고 생각해왔던 막연한 믿음이 흔들리게 되었습니다. 실제로 내가 배운 것과 가르치는 것이 하나님의 말씀과 어긋났기 때문입니다. 생화학이 진화론에 그 바탕을 두고 있었던 것입니다.

그 사실을 깨닫고 고민하던 중 한국창조과학회를 알게 되었고, 그곳에서 귀한 선배 동역자들과 교제를 나누게 되었습니다. 창세기와 욥기 등을 통해 창조과학을 열심히 공부하면서, 창조론적(성경적) 세계관으로 학문과 세상을 보는 눈을 바로 세워가기 시작했습니다. 요청하는 교회마다 다니며 '창조주 하나님'에 대한 세미나도 수백 번 열었습니다.

나는 분명 과학자이지만, 자연의 모든 법칙이 초월자의 영원하신 능력과 신성(神性)에 따라 한 치의 오차도 없이 움직이고 있음을 확신하게 되었습니다.

> 창세로부터 그의 보이지 아니하는 것들 곧 그의 영원하신 능력과 신성이 그 만드신 만물에 분명히 보여 알게 되나니 그러므로 저희가 핑계치 못할지니라_롬 1:20

창조과학회에서는 진화론자들과 함께 논쟁하는 일이 많았습니다. 나뿐만이 아니라 다른 창조과학자들도 진화론자들과 토론을 벌이면 진화론의 허구성을 얼마든지 밝혀낼 수 있습니다.

진화론자들은 이 논쟁을 종교와 과학의 대결인 것처럼 몰고 갔습니다. 그러나 똑같은 결과를 놓고 정반대 이론에 목숨을 걸고 주장하는 것이 그저 놀랍기만 했습니다. 물컵에 물이 반 있을 때, 어떤 사람은 "와, 반이나 찼네"라고 말하지만, 어떤 사람은 "겨우 반밖에 없어"라고 말하는 것과 같은 이치입니다. 창조론과 진화론의 견해 차이가 둘 중 어느 한쪽의 지식이 부족해서 생기는 것이 아니라는 말입니다. 우리는 이것이 세계관의 차이일 뿐이며, 결국은 '신념 대 신념의 싸움'이라는 것을 알렸습니다. 이런 긴 토론의 여정은 대부분 서로를 부정하고 헤어지든지, 아니면 그중 몇몇의 진화론자들이 "당신 말이 맞소"라고 답하는 것으로 끝이 납니다.

그러나 이해할 수 없는 것은, '당신 말이 맞다'고 인정하면서도 그들이 결코 하나님 앞으로 돌아오지 않는다는 사실이었습니다. 논리로는 진화론자들을 이겼지만, 생명은 구할 수 없는 한계에 부딪히면서 나는 마음 한구석에 어렴풋이 이것이 전부가 아니라는 생각이 들었습니다.

게다가 창조과학 세미나를 들어본 사람들과 이야기를 나누어보면, 거의 실망스러운 대답만 듣게 되었습니다. 강의를 통해 하나님은 살아 계시고, 과학은 하나님의 축복이라는 사실 그리고 진화론은 허구라는 사실을 믿게 되었지만, 상당수가 지식이나 정보를 얻는 차원에서 그치고 마는 것입니다. 강의가 인생의 변화를 가져오지 못하는 안타까운 현실 앞에서 나는 다시 이런 생각을 해보았습니다.

'사람들의 마음문을 열고 생명을 얻게 하려면, 이성적인 논리나 세계관적인 접근보다 더 중요한 무언가가 있어야 하는 게 아닐까?'

그때는 마음문을 열고 생명을 주는 열쇠가 바로 성령님임을 깨닫지 못했을 때였습니다. 그래서 그 문제의 답을 얻기 위해 인간적인 노력을 기울이며 시간도 내어 열심히 투자했습니다. 그러나 내 영혼의 깊은 곳에서는 성령님을 갈망하고 있었습니다. 내가 그분을 진정으로 사모하고 있다는 사실조차 인식하지 못하면서 말입니다.

> 기록된 바 하나님이 자기를 사랑하는 자들을 위하여 예비하신 모든 것은 눈으로 보지 못하고 귀로도 듣지 못하고 사람의 마음으로도 생각지 못하였다 함과 같으니라 오직 하나님이 성령으로 이것을 우리에게 보이셨으니 성령은 모든 것 곧 하나님의 깊은 것이라도 통달하시느니라_고전 2:9,10

아들을 사랑하는 일마저도

지금 나에게 사랑하는 아내와 아들과 딸은 하나님 다음으로 인생에서 가장 소중한 존재들입니다. 화목한 가정에서 성장하지 못한 내가 아들을 통해 받은 은혜의 훈련은 인생 최고의 배움이었고, 지금 아들이 하나님 안에서 성장해가는 것을 보는 것은 더할 나위 없는 기쁨입니다.

그러나 무척 가슴 아픈 일이지만, 일찍이 아들에게 나는 좋은 아버지가 아니었습니다. 솔직히 말하면, 아버지 자격이 없었습니다. 성장하면서 제대로 된 사랑을 체험해본 적도 없고, 유학생활 내내 나 자신을 돌보느라 아들에게 신경을 쓰지 못한 것입니다.

유학생활 후반부에는 아내가 미국 병원 간호사로 일하며 삼교대(三交

代) 근무를 했기 때문에, 아들 녀석이 부모의 사랑을 더 갈급해 했습니다. 아들아이가 나와 친해지고 싶고 놀고 싶다는 것을 표현할 때, 어리석게도 나는 여지없이 그 요구를 거절했습니다.

"야, 아빠 괴롭히지 마라! 들어가서 공부나 해!"

아들이 장난감을 가지고 거실로 나와도 내 반응은 냉담했습니다.

"네가 알아서 해!"

그렇게 관심은 갖지 않으면서도 엄청난 기대감으로 아들을 바라보았습니다. 한국에 돌아온 뒤, 미국에서 살다온 만큼 영어도, 다른 공부도 남들보다 잘하는 게 당연하다고 아들을 몰아붙였습니다. 나처럼 이성적이고 율법적인 신앙생활을 하도록 강요하기도 했습니다. 시간이 흐른 뒤에도 중3 아들이 왜 내게 반항하는지 전혀 이해하지 못했고, 나는 내 잘못을 알지 못했습니다.

그 후 성령님께 이끌리는 삶을 살게 되자 나는 무엇보다도 아들과의 관계를 회복하고 진실한 사랑을 나누고 싶었습니다. 그래서 아들과 대화해 보려 했을 때, 아들은 흰 종이에 문을 하나 그리더니 이렇게 말했습니다.

"내가 어릴 때, 아빠를 가장 필요로 했을 때, 아빠는 나를 만나주지 않았어요. 놀아주지도 않았고 '네 할 일은 네가 알아서 해라! 아빠 피곤하다!'라고 늘 나를 거절했어요. 그래서 나는 이 방에 들어갔어요. 너무 슬픈 마음으로요. 하지만 그곳에서 곧 살 길을 찾았어요. 혼자 지내는 법을 알게 된 거죠. 이제 나 혼자서도 잘 지내는데, 왜 굳이 이 방에서 나와야 하죠?"

자신이 가장 힘들었을 때 외면하던 아버지가 성령인지 무엇인지를 받고 나서 갑자기 친하게 지내자고 하지만, 자신은 왜 그래야 하는지 이유를 모르겠다는 말이었습니다. 마치 칼로 심장을 도려내듯이, 그 말이 내게 얼마나 큰 아픔으로 다가왔는지 모릅니다.

그러나 그런 대화를 나누기 전에는, 아들이 내게 왜 반항하는지 짐작조차 하지 못했습니다. 아들을 사랑하고 싶었지만, 그가 반항하는 모습을 보면 화부터 났습니다. 하나님을 알고 예수님을 아는 내가, 아들을 사랑하는 일도 왜 제대로 할 수 없는 건지 도무지 이해할 수 없었습니다.

자유 없는 열심

교회생활이라고는 유학시절에 아덴스한인장로교회에서 보낸 시간이 전부였기 때문에, 한국에 돌아와서 교회생활을 시작했을 때 처음에는 매우 낯설었습니다.

잠시 처갓집 근처 개척교회를 다녔지만, 곧 여러 교회를 순방해보고 평생 섬길 교회를 정하기로 아내와 약속했습니다. 철새 교인으로 여러 교회를 다니다가 온누리교회에서 예배를 드리게 되었습니다. 헌금 주머니를 돌리는 시간이 따로 없고(물론 헌금함이 따로 설치되어 있었습니다), 강대상이 따로 없고, 목사님이 가운을 입지 않으시는 등 격식에 매이지 않는 복음주의적인 교회였습니다. 물론 설교에서 예수님의 이름이 많이 거론되었습니다.

　재론의 여지 없이 우리 부부는 온누리교회에서 신앙생활을 시작했습니다. 나는 곧 교회 안에 있는 창조과학위원회를 섬기기 시작했습니다. 김영길 장로님이 한동대 총장으로 부임하고 난 뒤에는 그 분이 하시던 7주 새신자 등록과정 중 '창조주 하나님' 과정을 맡아 약 3년 동안 섬겼습니다. 그 뒤 순장으로 봉사했고, 다른 위원회의 총무로 섬기기도 했습니다.

　그러나 나의 신앙생활에 한계가 있었음을 고백하지 않을 수 없습니다. 왜냐하면 나는 나의 모든 시간을 하나님께서 주신 것이라 여기지 않고, 내 아까운 시간을 쪼개어 하나님의 일을 한다고 생각했기 때문입니다.

　다른 사람들 눈에는 내가 성공한 과학자로 보였는지 모릅니다만 사실 나의 내면에는 많은 열등감과 수치심이 도사리고 있었습니다. 그래서 남들에게 더 인정받아야만 한다고 생각했고, 완벽주의 성향의 성격이 생활 가운데 고스란히 드러나기도 했습니다. 더욱이 열심이 특심인 그리스도인으로서, 하나님을 위해 남보다 내가 더 뛰어나야 한다는 이상한 충성심을 품고 있었습니다.

　그러나 분명한 것은, 열심히 신앙생활을 하려고 노력했지만 내 마음 속 깊은 곳에 자유가 없었다는 사실입니다. 진정으로 원하는 삶이 아니라 세상에 끌려 다니는 삶을 살고 있었습니다.

　　나의 행하는 것을 내가 알지 못하노니 곧 원하는 이것은 행하지 아

> 니하고 도리어 미워하는 그것을 함이라_롬 7:15

열심히 연구하지 않는 교수들을 한심하다고 생각했고, 인간관계보다는 일 중심의 삶에 열중했습니다. 그 결과, 1995년부터 1997년까지 3년 동안 무려 60여 편의 논문을 쓰고, 여러 권의 책을 냈습니다. 연구 결과로 특허도 획득했고, 학술상까지 받았습니다.

그러나 외적인 능력은 인정받았지만, 그럴수록 내 육신과 영은 죽어 가고 있었습니다. 내 시간을 쪼개고 쪼개서 학교, 교회, 창조과학회의 모든 일에 완벽을 기하려 했지만, 그것은 그야말로 우스꽝스러운 모양새일 뿐이었습니다. 마치 밀랍(蜜蠟)으로 붙인 날개를 달고 태양을 향해 날았다가 밀랍이 다 녹아 바다로 추락한, 그리스 신화에 나오는 이카루스(Icarus)와 같은 삶 말입니다.

피로와 스트레스가 쌓이면서 나타나기 시작한 알레르기 증상은 1997년에 이르자 몹시 심해졌습니다. 결국 오뉴월에도 강의 시간에 흘러내리는 콧물을 주체할 수 없어 화장지를 받치고 수업하는, 말할 수 없는 고통을 겪게 되었습니다. 또 건국대학교에서 염창동에 있는 집까지 차를 몰고 올림픽대로를 지나갈 때면 너무 피곤해서 졸음운전을 하며 몇 차선을 옮겨 다니기 일쑤였고, '과로사라는 게 이런 것이겠구나'라고 생각할 정도로 힘들었던 적도 여러 번 있었습니다.

그냥 두면 결국에는 폭발할 것이 뻔한 나의 내면을 돌보기 위해, 나는

1년간 안식년을 갖기로 했습니다. 그때 하나님의 인도하심으로 밥 버포드의 《하프타임》이라는 책을 읽으며, 내 인생을 재조율하는 시간을 가졌습니다. 인생을 80년으로 보면 반을 막 지난 그때, 나는 42세였습니다.

그때 '이미 살아온 기간보다 살아갈 날이 적은 내 인생의 후반부에 가장 중요한 것은 무엇일까, 하나님은 나를 어떻게 생각하실까?'를 깊이 묵상하기 시작했습니다.

그 후 아이들이 우리 집 가훈이 무엇이냐고 물으면, 나는 "하나님은 나를 어떻게 생각하실까?"라고 말해주었습니다.

2

T H A N K Y O U H O L Y S P I R I T

성령님의
포옹

: 성령님의 품속에 안기다 :

주 여호와의 신(神)이 내게 임하셨으니 이는 여호와께서 내게 기름을 부으사 _사 61:1

내 영을 적신
성령세례의 단비
ThankYouHolySpirit

1999년, 나는 아무 예고도 없이 인생의 새로운 전환점을 맞게 되었습니다. 사건의 발단은 1998년 연말에 일어났습니다. 1년간 안식년을 보내면서 잠시 내려놓았던 창조과학회 일을 다시 맡아 잘해보겠다고 다짐하던 차에, 나는 교회에서 발표한 조직표를 보고 아연실색하고 말았습니다.

왜냐하면 내가 내적치유위원회 팀장으로 조직표에 들어가 있었기 때문입니다. 일반적으로 조직표를 짤 때, 새로 담당하게 될 사람에게 그 사실을 알리고 합의하에 진행하는 것이 순서이기 때문에 누가 일방적으로 이런 일을 했는지 괘씸하기까지 했습니다.

'내가 너무 문제가 많으니까 이곳에서 훈련 받으라고 목사님이 보내신 건가? 아니야! 내가 아니라 동명이인(同名異人)이겠지.'

갖가지 생각이 나의 뇌리를 스치고 지나갔습니다.

어울리지 않는 자리

지성적이고, 감정적인 동요를 철저히 배제해온 나에게(사실 나 자신이나 가족에게는 분노를 표현할 때가 많았지만), '내적치유'란 듣기만 해도 두드러기가 날 것 같은 말이었습니다.

과거에 내적치유라는 말을 들어본 적은 있지만, 지식 있는 사람들은 그런 치유가 필요 없다고 생각했습니다. 내적치유 집회란 스스로 통제하지 못할 정도로 갈 데까지 간 사람들만 가는 곳이며, 감정적으로 자신을 드러낸다는 것은 신앙적으로 성숙하지 못한 사람들이나 하는 일이라고 여겼습니다. 더욱이 자연과학자인 나에게 내면의 치유라는 것은 전혀 어울리지 않는 일이었습니다.

그러나 지금 생각해보면, 하나님께서는 내 생각과 전혀 다른 생각을 가지고 나를 그 자리로 부르셨던 것 같습니다.

> 여호와의 말씀에 내 생각은 너희 생각과 다르며 내 길은 너희 길과 달라서 _사 55:8

내적치유위원회 팀을 섬기고 계셨던 담당 장로님을 찾아가 거부 의사를 밝혔을 때, 그 분의 대답이 걸작이었습니다. 국제적으로 내적치유를 하시는 분이 계신데, 그 분과 일대일 상담을 해본 뒤에 결정을 내리라는 것이었습니다.

'아무려면 내 인생을 어떤 사람의 말에 맡겨야 하나?'

내키지 않았지만, 장로님의 간곡한 부탁을 저버릴 수는 없었습니다. 며칠 후 주일 아침, 일찍이 아내와 함께 크리스 해리슨(Chris Harrison) 목사님을 찾아갔습니다. 도대체 어떤 분이기에 장로님께서 그렇게 말씀하셨는지 궁금했기 때문입니다. 크리스 해리슨 목사님은 전 세계 여러 곳에 초빙되어 내적치유 집회를 인도하시는 유명한 사역자였습니다.

내 머릿속에는 이미 목사님께 말씀드릴 시나리오가 정확히 들어 있었습니다. 물론 꾸며낸 말이 아니라 사실이었습니다.

"저는 창조과학회를 섬기는 과학자입니다. 그 일을 감당하느라 시간이 없어서 내적치유위원회를 섬기지 못할 것 같습니다."

그러나 목사님은 내 말을 듣고도 전혀 흔들림이 없으셨습니다. 오히려 매우 평화로운 얼굴로 말씀하셨습니다.

"기도해봅시다."

그러고는 나의 손을 잡고 조용히 기도하셨습니다. 잠시 후 목사님께서 성령의 감동으로 단호하게 말씀하셨습니다.

"형제님, 좋고말고가 없습니다. 당신을 내적치유 팀으로 부르신 것은 하나님의 뜻입니다! 1년 이내에 하나님께서 당신을 부르신 것을 확증해주실 것입니다."

내가 이런 식의 예언기도를 받는 것은 이번이 두 번째였습니다(1994년 한동대학으로 적(籍)을 옮기는 일을 결정하기 위해 어느 집사님으로부터 예언기도를 받은 것이 처음입니다). 목사님의 단호한 말씀에 나는 기가 죽을 수밖에 없었습니다. 결국, 내가 원했던 대화도 나누지 못한 채 나는 일방적으로 말씀만 듣고 돌아왔습니다. 그 상황에서 내가 선택할 수 있는 것은 두 가지밖에 없었습니다. 순종이냐 불순종이냐, 바로 그것이 문제였습니다.

그 분의 말씀이 가짜라고 생각한다면 무시해버리면 그만입니다. 그러나 만약 진짜라면 내가 할 수 있는 일은 순종밖에 없다고 생각했습니다. 나는 결국 순종하기로 결정했습니다.

> 사무엘이 가로되 여호와께서 번제와 다른 제사를 그 목소리 순종하는 것을 좋아하심같이 좋아하시겠나이까 순종이 제사보다 낫고 듣는 것이 수양의 기름보다 나으니 _삼상 15:22

성령님께 사로잡히다

그때부터 6개월 동안 내적치유위원회 팀장으로서 내가 한 일이라고는 집회 때마다 제일 앞자리에 앉아 우는 일뿐이었습니다. 말이 팀장이지 목사님이나 팀원들, 다른 성도들을 위해 내가 할 수 있는 일은 거의 없었습니다. 그저 앞자리에 앉아서 목사님이 전하시는 말씀을 듣고, 내면의 상처를 치유받고, 하나님께 기도할 뿐이었습니다.

집회 시간마다 얼마나 많은 눈물을 흘렸는지 모릅니다. 굳게 닫혔던 마음문이 열리고 그 안에 꼭꼭 숨겨두었던 상처를 하나님께 내드리고,

죄를 회개하고, 다른 사람을 용서하는 일들이 일어나기 시작했습니다.

> 너희는 돌아보아 하나님 은혜에 이르지 못하는 자가 있는가 두려워하고 또 쓴뿌리가 나서 괴롭게 하고 많은 사람이 이로 말미암아 더러움을 입을까 두려워하고_히 12:15

감사하게도 크리스 목사님은 말만 팀장인 나를 위해 틈만 나면 기도해주셨습니다. 나 역시 시간이 날 때마다 목사님 옆에 꼭 붙어서 의문 나는 점을 물으며 많은 이야기들을 나눴습니다.

그런 시간을 보내면서 어느새 나는 이런 기도를 드리고 있었습니다.

"하나님, 감사합니다. 이제 하나님께 제 자신의 일부가 아닌 전부를 드리겠습니다! 성령님, 초청합니다. 저를 사용해주십시오. 제가 쓰임받기를 원합니다."

> 내가 이르노니 너희는 성령을 좇아 행하라 그리하면 육체의 욕심을 이루지 아니하리라_갈 5:16

목사님은 나를 위해 안수기도도 해주셨습니다. 한 번은 안수기도를 받다가 갑자기 아지랑이와 같은 것이 온몸으로 퍼지듯이 내 안으로 쑥 들어오는 듯한 기분을 느꼈습니다. 마치 안개 속에 누워 있는 듯 다른 사람들의 말소리가 아득하게 들려왔습니다. 눈을 감은 것도 아닌데 주변이 어스름하게 보였습니다. 이 세상은 온데간데없고 구속(救贖)한 주님과 나만 있는 것 같은 황홀경을 맛보았습니다.

아, 성령님께서 강력하게 나를 사로잡아 내 전 존재를 감싸고 계셨던 것입니다. 나는 의지적으로 내 전부를 그분께 드렸고, 그분에게 순종하겠다고 고백했습니다. 십수 년 전 유학시절에 경험했던 그 경험을 다시 하게 된 것입니다.

그러나 이제는 성령체험이 아닌 바로 '성령세례'가 임한 것입니다!

> 술 취하지 말라 이는 방탕한 것이니 오직 성령의 충만을 받으라_엡 5:18

성령세례의 의미

나중에 확실히 알게 되었지만, 그 일이 있기 전에도 내 안에는 이미 성령님이 계셨습니다. 비록 내가 성령님의 존재를 확실히 인식하지 못했다고 해도 말입니다.

> 성령으로 아니하고는 누구든지 예수를 주시라 할 수 없느니라_고전 12:3

예수님을 "주님"으로 불러온 많은 날, 성령님은 나와 함께하셨습니다. 예수 그리스도를 처음 믿을 때, 성령님이 내 안에 들어오신 것입니다.

그러나 성령님이 내 안에 내주(內住)하심에도 불구하고, 나는 그분께 내 자아를 온전히 내드리지 못하고 너무나 율법적이고 이성적인 신앙생활에 젖어 있었습니다. 그런 삶은 성령님과 함께하기는 하지만 그분께 기회를 드리는 삶이 아닙니다. 다른 말로 하면 '순종' 하는 삶이 아니라는 말입니다.

예수님을 믿지만 여전히 내 자신의 계획과 지혜로 살아갈 때, 성령님은 우리 존재의 한쪽 구석에서 눈물을 흘리고 계십니다. 그러나 초자연계로부터 성령님이 그분의 영광으로 찾아오실 때, 의지적으로 나의 자아를 성령님께 전부 내드리고 그분께 순종할 때부터, 성령님이 나를 소유하시고 통제해가기 시작하십니다. 이런 만남 혹은 경험을 '성령세례' 라고 하며, 그 상태로 사는 것을 '성령충만' 한 삶이라고 합니다.

하나님의 영광의 임재는 너무나 신비해서 '우리와 함께'(with us) 하시기도 하지만, '우리 안에'(in us) 계시기도 하고, 특별한 때에 '우리 위에' (upon us) 임하시기도 합니다. 우리가 물세례를 받듯이 성령님이 우리 위에 찾아오실 때, 그분은 우리를 강력히 소유하십니다.

> 요한이 모든 사람에게 대답하여 가로되 나는 물로 너희에게 세례를 주거니와 나보다 능력이 많으신 이가 오시나니 나는 그 신들메를 풀기도 감당치 못하겠노라 그는 성령과 불로 너희에게 세례를 주실 것이요_눅 3:16

나는 내적치유를 받으면서 내 자신의 죄악을 깨닫고 내면의 상처와 쓴뿌리들을 의지적으로 내어놓으며 성령님께 매달렸습니다. 그러자 성령님이 나를 강력하게 사로잡기 시작하셨습니다. 내가 내 자신을 포기하는 만큼 그분이 드러나기 시작하신 것입니다!

> 예수께서 대답하시되 진실로 진실로 네게 이르노니 사람이 물과 성령으로 나지 아니하면 하나님나라에 들어갈 수 없느니라_요 3:5

내면의 상처를 치유하다

성령님은 강도 높게 죄의 문제를 다루실 뿐 아니라, 내면의 깊은 상처와 쓴뿌리를 제거하기를 원하셨습니다. 나는 원래 대범하지 못했습니다. 두려움이 너무 많았습니다. 어릴 때부터 나에 대한 부모님의 높은 기대에 부응하고자 노력했지만 그 기대에 미치지 못할 때는 부모님으로부터 야단도 많이 맞았습니다.

"왜 이렇게 바보 같니? 왜 그렇게 못해? 좀 씩씩하게 잘할 수 없어?"

부모님이 나를 미워해서 하신 말씀은 아니지만, 그런 말을 들을 때마다 내 안에는 상처가 켜켜이 쌓여갔습니다. 내 자아는 거절감과 수치심을 품게 되었고, 외로움을 많이 느끼게 되었습니다. 그러나 그때의 상처가 어른이 된 뒤에도 그토록 나를 붙잡았는지는 제대로 인식하지 못하고 있었습니다.

어느 날 기도하는 가운데, 내 의식이 어린 시절로, 더 어린 시절로 깊이 내려가게 되었습니다. 내가 지금 어디로 가고 있는지 두려운 마음이 들었지만, 문득 내 옆에 성령님께서 내 손을 꼭 붙잡고 계심을 느낄 수 있었습니다. 나는 그분에게 몸을 맡기고 어린 시절로 돌아가 나를 만났습니다.

성령님은 내가 캄캄한 골방에서 혼자 울고 있는 모습을 보여주셨습니다. 그 방에서 나는 그때는 전혀 몰랐던 장면을 목격했습니다. 예수님께서 나를 찾아오셔서 흐느끼고 있는 내 어깨를 안아주고 계셨던 것입니다.

'아, 슬프고 외로웠던 그때, 나 혼자가 아니었어. 예수님이 나를 지켜주고 안아주셨구나. 나 혼자가 아니었구나.'

그렇게 성령님께서는 내 과거의 수치심과 외로움을 돌아보게 하시고, 상처들을 치유해가셨습니다. 내가 기도할 때마다 어린 시절의 수많은 상처들을 생각나게 하셨습니다. 그런 상처를 받을 때 내가 어떻게 잘못 반응했는지 말씀해주셨고, 그 일에 대해 하나님은 어떻게 생각하시는지를 알려주셨습니다. 그리고 말씀으로 내 마음에 새 길을 내주셨습니다.

> 보라 내가 새 일을 행하리니 이제 나타낼 것이라 너희가 그것을 알지 못하겠느냐 정녕히 내가 광야에 길과 사막에 강을 내리니 _사 43:19

비로소 사랑을 알게 되다

그 사건 이후, 가장 놀라웠던 것은 내 안에 사랑이 일어나기 시작했다는 것입니다. 나는 정말 사랑이 없는 사람이었습니다. 아니 정확히 말하자면 사랑의 소중함을 모르고 자랐습니다. 가정에 소홀했던 아버지 밑에서 자라며 가족 간의 사랑과 친밀함이 무엇인지 경험해보지 못했습니다. 나는 아버지를 미워했습니다. 사실은 아버지의 영향에서 벗어나고 싶어서 서울에 있는 대학에 진학한 것입니다.

그러나 내 마음 깊숙한 곳에는 아버지에 대한 미움보다 더 큰 아버지에 대한 갈급함이 있었습니다. 나는 예수님을 처음 영접한 후, 하나님 아버지를 사랑했습니다. 그분을 갈급해 했습니다. 그러나 육신의 아버지와의 관계에서 쌓아온 어려움이 하나님 아버지와의 관계까지 가로막고 있다는 사실을 잘 알지 못했습니다.

그 당시 나는 아침이 오는 게 참 싫었습니다. 왜냐하면, 내 의식으로 하나님을 찾고 그분을 경배할 때마다 놀라운 감동과 은혜의 시간을 가졌더라도 일단 자고 난 다음 날 아침이면 어제 그렇게 가까이 계신 것 같던 아버지 하나님이 다시 저 멀리 가버리신 것 같은 상실감이 들었기 때문입니다.

하나님께서 늘 나와 함께 계시는 것을 성경적으로 알고는 있었습니다. 그러나 잠시라도 손을 놓으면 그 관계는 처음부터 다시 시작되는 것만 같았습니다. 내가 드린 만큼 사랑을 받고, 내가 찬양한 만큼 위로를 얻는다고 생각했기 때문입니다.

어느 집회에선가, 한 분이 나에게 다가와 다짜고짜로 육신의 아버지와 관계를 회복하라고 말씀하셨습니다. 사실 나는 내적치유를 하는 동안 기도하는 가운데 아버지와의 관계를 많이 회복했다고 생각했습니다. 그러나 그것만으로는 충분하지 않았습니다. 오랜 망설임과 기도 끝에 나는 호텔에서 아버지와 특별한 만남을 가졌습니다. 상투적이고 의례적인 이야기가 아닌 오랫동안 묻어두었던 진심을 나누고 싶었기 때문입니다.

우리는 서로 많은 이야기를 나누었습니다. 그러나 나에게 가장 갈급했던 것은 서로 이해하는 것이 아니라 내 속에서 울고 있는 아이가 찾고 있는 아버지의 사랑을 체험하는 것이었습니다. 오랜 대화 끝에 나는 마침내 아버지를 껴안고, "아빠, 사랑해요"라고 말했습니다. 마흔을 훨씬 넘긴 나이에 비로소 아버지의 품을 경험한 것입니다.

놀라운 사실은 그 후로 나의 의지, 나의 노력에 상관없이 나는 하나님 아버지가 늘 곁에 계시다는 것을 느낄 수 있었습니다. 내가 하나님 아버지와의 친밀함을 깨닫도록 성령님께서는 먼저 내가 육신의 아버지와 관계를 회복하도록 이끄셨던 것입니다.

그때부터 나는 '내가 사랑하고 추구하고 만나고 싶은 아버지'가 아니라, '나의 노력이나 내가 이룬 결과에 상관없이 영원 전부터 나를 사랑하시는 아버지'를 알게 되었습니다. 성령님은 하나님 아버지의 모습을 바르게 보여주시고, 그분의 마음을 알려주셨습니다. 자고 일어나도 언제나 동일하게 그분의 사랑을 느낄 수 있었습니다.

그전까지 나는 내게 상처를 준 사람을 용서하지 못하고 계속 정죄하고 비난했습니다. 그러나 하나님의 사랑을 알게 된 후 용서하고 싶은 마음이 생겼습니다. 용서하지 못했던 사람도 용서하게 되었습니다. 하나님께 내가 받은 용서보다 더 큰 용서가 없는데, 마태복음 18장에 나오는 1만 달란트 빚진 사람처럼 굴 수는 없었습니다. 그렇게 한다면 무엇보다 가장 귀한 하나님의 사랑을 놓치게 될지 모른다고 생각했기 때문입니다.

> 이에 주인이 저를 불러다가 말하되 악한 종아 네가 빌기에 내가 네 빚을 전부 탕감하여주었거늘 내가 너를 불쌍히 여김과 같이 너도 네 동관을 불쌍히 여김이 마땅치 아니하냐 하고…너희가 각각 중심으로 형제를 용서하지 아니하면 내 천부께서도 너희에게 이와 같이 하시리라_마 18:32,33,35

이제 나는 정말 하나님의 사랑을 놓치기 싫었습니다. 그것이 가장 중요하다는 것을 알았습니다. 아마 나는 하나님 중독에 걸렸나봅니다. 중독이 되면 그것만 빼고 다른 모든 것을 포기해버립니다. 나는 가장 치명적인 중독인 '하나님 중독'에 걸려 다른 것을 다 포기할 수 있었습니다. 하나님이 가장 좋기 때문에!

감추인 보화를 발견한 기쁨

내 속에서는 사랑뿐만 아니라 죄에 대한 분노도 강렬하게 일어났습니다. 그전까지 나는 아주 율법적인 신앙생활을 해왔습니다. 그러나 이제는 죄 짓고 싶은 마음을 율법 때문에 억지로 참는 게 아닙니다. 성령님과 동행하면서 하나님의 사랑과 그분의 지성소 안이 얼마나 얼마나 귀한지 알게 되었기 때문에, 그 보화를 잃기 싫어서, 다른 것은 아낌없이 포기하고 다 팔아버릴 수 있는 것입니다.

> 천국은 마치 밭에 감추인 보화와 같으니 사람이 이를 발견한 후 숨겨 두고 기뻐하여 돌아가서 자기의 소유를 다 팔아 그 밭을 샀느니라_마 13:44

더 이상은, 하나님이 죄를 짓지 말라 하셨기 때문에 참고 견디는 게 아닙니다. 죄의 반짝이는 유혹보다 더 빛나고 영원한 하나님의 사랑을 발견했기 때문에 죄를 멀리하게 된 것입니다. 이제는 내가 누구인지 너무나 분명히 알았기 때문에 내 신분에 걸맞은 삶을 살고자 힘써 노력합니다.

> 오직 너희는 택하신 족속이요 왕 같은 제사장들이요 거룩한 나라요 그의 소유된 백성이니 이는 너희를 어두운 데서 불러내어 그의 기이한 빛에 들어가게 하신 자의 아름다운 덕을 선전하게 하려 하심이라_벧전 2:9

나를 정화시켜가시는
성령님의 손길
Thank You Holy Spirit

성령세례를 받은 후, 다른 사람을 진심으로 용서할 수 있었습니다. 죄를 미워하는 마음도 강해졌습니다. 그러나 그렇다고 해서 그동안의 습관이 저절로 바뀌거나 상처가 싹 나아버리는 것은 아니었습니다. 성령님께서는 이때부터 본격적으로 나를 만지기 시작하셨습니다.

죄를 완전히 불태우라

성령님은 내가 하나님나라의 용사가 되기를 원하셨습니다. 그래서 그전보다 더욱 강도 높게 죄의 문제를 드러내어 나를 정화시켜 가셨습니다. 내면의 죄를 완전히 불태우지 못하면 '적과의 동침'을 계속해야 하고, 그것은 하나님나라의 용사로 살아가는 삶에 큰 장애가 되기 때문입니다. 하나님께서 죄를 지적하신 일들 중 가장 극적이었던 것이 이름하여 'CD사건' 입니다.

그 무렵까지도 나는 죄인 줄 알면서 스스로 허용하고 저지르는 일이 있었습니다. 바로 불법으로 복사해서 판매하는 해적판 책을 사보는 일과 컴퓨터 프로그램을 불법으로 복제해서 사용하는 것이었습니다.

'나만 하는 게 아니라 누구라도 그렇게 하는 관행이잖아.'

외국 원서 책값은 무척 비쌌고, 프로그램 구입비도 만만치 않았습니다. 경제성으로 보나 관행으로 보나 해적판이나 불법 복제 프로그램을 쓰는 것은 어쩔 수 없는 일이라고 생각했습니다.

그러던 어느 날, 학교 앞에 있는 한 출판사로부터 연락이 왔습니다. 그 출판사는 생명과학 분야의 자료도 판매하는 곳입니다.

"교수님, 전공과 관련된 좋은 CD가 나와서 연락드렸습니다. 구입해 보시면 좋을 것 같아서요."

"제가 내용을 알지 못해 바로 구입하기는 좀 그렇습니다. 혹시 CD를 빌려주시면, 한번 보고 나서 구입하도록 하지요. 제 연구에 필요하지 않은 내용이라면 그냥 돌려드리겠습니다."

그 회사 직원은 나의 제안을 선뜻 받아들여서 CD를 보내주었습니다. 두 장짜리 CD가 한 세트로 정가가 5만 원 정도였습니다.

CD를 열어보니, 내 연구에 직접적인 도움은 되지 않는 내용이었습니다. 하지만 나중에 대학원생들에게 보여주면 좋을 듯했습니다. 그래서 별 생각 없이 CD를 복사했습니다. 원본 CD는 회사에 돌려주고, 복사한

CD는 교수실에 있는 내 서랍에 잘 보관해두었습니다. 그 일을 하는 데 나는 아무런 거리낌이 없었습니다.

그런데 2주쯤 지난 어느 날, 기도하는데 성령님께서 말씀하셨습니다.

"도둑놈!"

처음에는 '내가 잘못 들었구나' 하고 넘어갔습니다. 그러나 성령님은 다시 선명히 말씀하셨습니다.

"이 도둑놈!"

깜짝 놀랐지만, 나는 마음을 가라앉히며 바로 발뺌했습니다.

"아닙니다. 전 도둑질한 적 없습니다."

"너 CD를 도둑질한 게 아니냐. CD 주인에게 가서 네가 도둑질했다고 사과해라!"

아, CD 주인에게 가서 도둑질했다고 고백하라니. 나는 너무 당황스러워 내 머리에 손을 얹고 기도했습니다.

"사탄아, 물러가라!"

성령님께서 얼마나 기가 차셨을까요. 죄를 꾸짖고 용서를 빌라는 말이 듣기 싫다고 '사탄아, 물러가라'라고 했으니…. 하지만 나는 계속 그 생각을 성령님의 음성으로 인정하지 않았습니다.

'이건 분명히 죄책감 때문에 드는 생각일 뿐이야. 성령님이 주시는 말씀이 아니라고!'

그런데 문제는 그날 이후 기도가 전혀 되지 않는다는 것이었습니다.

기도만 하면 성령님은 CD 문제부터 먼저 말씀하셨습니다. 그런데도 나는 예민한 성격을 탓하며 애써 그 말씀을 무시했습니다.

'내가 요즘 죄책감 때문에 너무 예민해져서 이러는 것뿐이야.'

그러나 시간이 갈수록 기도가 되지 않는 것은 예민한 성격 탓이 아니라는 것이 점점 더 분명해졌습니다. 정말 인정하기 싫었습니다. 그러나 성령님께서 내 죄를 지적하고 계심을 인정하지 않을 수 없었습니다.

다시는 죄 안 짓겠습니다

나는 곧장 서랍에 있는 문제의 CD 두 장을 꺼내 딱 분질러서 쓰레기통에 버렸습니다. 그러나 성령님은 그것으로 만족하지 않으셨습니다.

"도둑질을 했으니 죄악이란 게 얼마나 무서운 것인지 깨달아야 한다. CD 주인에게 가서 잘못을 고백해라."

"아, 성령님! 명색이 대학 교수란 사람이 단돈 5만 원짜리 CD를 훔쳤다고 사람들 앞에서 말하라니요? 그건 절대 못합니다."

나는 성령님 앞에서 내 잘못을 시인했습니다. 그러나 출판사에 가서 사실대로 털어놓고 용서를 구하는 것은 내 자존심이 절대 허락하지 않는 일이었습니다.

며칠 후 토요일, 학교 연구실에 있다가 식당에 순두부찌개를 주문했습니다. 매운 순두부찌개가 아직도 보글보글 끓는 뚝배기에 담겨 배달되었습니다. 그전에는 빠지지 않고 식사기도를 했지만, 그 무렵은 기도만 하면 CD 사건이 떠올라 일부러 식사기도도 하지 않고 있었습니다. 그런데 그날은 나도 모르게 눈을 감고 식사기도를 하게 되었습니다. 짧게 기도를 마치고 한 숟가락을 막 뜨려는 순간이었습니다.

"이게 마지막이다! 가서 잘못했다고 말하고 용서를 구해라. 네가 도둑질했다고 말해라!"

깊은 내면에서 울리는 성령님의 음성을 다시 듣는 순간 나는 너무나 두렵고 떨려서 들었던 숟가락을 그냥 놓아버렸습니다. '용서를 빌 수 있는 마지막 기회'라는 말씀이 머릿속을 떠나지 않았습니다. 나는 자리에서 벌떡 일어났습니다. 그리고 건물 밖으로 뛰어나가 주차장으로 갔습니다. 그 길로 정신없이 차를 몰아서 출판사 앞에 도착했습니다. 4층짜리 건물 앞에 차를 세웠습니다. 식은땀이 나기 시작했습니다. 자동차 문고리를 잡고 나는 다시 성령님께 호소했습니다.

"주님! 정말 이렇게까지 해야 합니까?"

"빨리 올라가라."

그 회사는 건물 4층에 있었습니다. 계단을 올라가는데 온몸에 비지땀이 흘렀습니다. 너무 창피해서 도무지 회사 직원에게 어떻게 이야기를 해야 할지 한마디도 떠오르지 않았습니다. 그 자리에서 멈추고 싶은 마음이 굴뚝같았지만, 계단 중간에서 멈춰서면 다시 올라가지 못할 것 같았습니다. 그래서 단번에 계단을 막 올라갔습니다.

마침내 내 눈앞에 출판사 출입문이 보였습니다. 그 문고리를 잡고 돌렸지만 잠겨 있었습니다. 다시 힘을 주어 문고리를 돌리려는데, 성령님께서 말리시며 말씀하셨습니다.

"네가 순종하니까 참 기쁘구나. 이제 그만 가서 밥 먹어라."

아, 그때 얼마나 만감(萬感)이 교차했는지 모릅니다. 부모가 자식을 사랑하는 마음에 잘못을 깨닫도록 매정하게 훈련을 시킬 때가 있지 않습니까. 그리고 나서 안아주려고 하면, 아이가 눈물이 그렁그렁한 눈으로 아빠의 가슴을 작은 손으로 때리며 "아빠! 아빠!" 하다가 품에 안겨 울어버리는, 마치 그런 상황과 같았습니다.

원망과 함께 너무 감사한 마음도 들었습니다. 주님은 결국 사람들 앞에서 나를 창피하게 하지 않으셨고, 그러면서도 죄가 얼마나 무서운 것이며, 성령님 말씀에 순종하는 것이 얼마나 중요한 일인지를 가르쳐주셨습니다.

나는 다리에 힘이 풀려 그 자리에 풀썩 주저앉아 울어버렸습니다. 밥도 못 먹게 하고 나를 여기까지 달려오게 하신 성령님이 밉기도 하고, 반대로 너무 감사하기도 했습니다. 눈물범벅이 된 얼굴로 성령님께 기도했습니다.

"다시는 죄 안 짓겠습니다."

> 나의 간절한 기대와 소망을 따라 아무 일에든지 부끄럽지 아니하
> 고 오직 전과 같이 이제도 온전히 담대하여 살든지 죽든지 내 몸에

서 그리스도가 존귀히 되게 하려 하나니_빌 1:20

그 다음 주 월요일, 나는 나와 실험실 지도 학생들이 쓰는 컴퓨터에서 불법으로 쓰고 있던 프로그램들을 모조리 없앴습니다. 그리고 1백만 원 이상의 돈을 주고 모두 정품 프로그램으로 교체했습니다. 그 후로 지금까지 공부를 덜 하면 덜 했지, 원서 아닌 해적판이나 복제 프로그램은 절대로 쓰지 않고 있습니다. 내게 가장 중요한 것은 주님이시며 그렇기 때문에 그분과 한 약속을 지키고 있습니다.

많은 사람들이 예전의 나처럼, 죄인 줄 알면서도 '이것만큼은 하나님이 봐주실 거야. 온 세상 사람들이 다 하는 일이니까'라고 합리화할 때가 있습니다. 그러나 주님은 우리가 그런 죄조차 짓지 않기를 바라십니다. 나는 CD 사건을 통해 그 점을 철저하게 깨달았습니다.

피해자의 회개

"당신은 사랑받기 위해 태어난 사람"이란 찬양이 있지만, 우리가 언제나 사랑만 받는 것은 아닙니다. 사랑을 받는다고 해도, 우리가 세상에서 주고받는 사랑은 무조건적 사랑이 아니라 조건적 사랑입니다. 부모 자식 간의 사랑도 무조건적이기는 어렵습니다.

어떤 면에서 보면 부모는 자식에게 가해자입니다. 부모만큼 자식에게 상처를 줄 수 있는 위치에 있는 사람도 없기 때문입니다. 그런 의미에서 자식은 피해자입니다. 하지만 장성한 후 부모가 되어 다시 가해자가 되는 악순환이 일어납니다. 이렇게 우리는 모두 죄악 가운데 태어나 사랑하는 자녀들에게까지 죄를 짓고 마는 사람들입니다.

그러나 나는 성령님으로부터 내적치유를 받으면서, 어린 시절의 상처까지도 내가 회개해야 할 부분임을 깨달았습니다. 물론 일차적으로 그것은 나에게 상처를 준 부모의 죄입니다. 그러나 부모가 나를 어떻게 대했건, 내가 그리스도인이라면 나는 하나님의 방식대로 반응했어야 한다는 것을 성령님께서 가르쳐주셨습니다. 즉, 하나님의 방식이 아니라 내 마음대로 반응한 것이 다 죄라는 말입니다. 부모가 아무리 내게 잘못을 했더라도 그때 생긴 부정적인 마음과 감정을 유지해온 것은 분명 나의 악한 의지가 작용한 것입니다. 부모를 용서하지 못하고 수치심과 절망감을 내 안에 쌓으며 그것들을 예수님의 빛 가운데 드러내놓지 못한 것입니다.

그런 죄까지 용서하시기 위해 예수님은 십자가에 못 박히셨습니다. 따라서 우리는 자신의 죄를 회개하고, 내게 상처를 준 사람들을 용서해야 합니다. 용서하겠다고 속으로 기도만 드릴 것이 아니라 가능하다면 그 사람들을 만나 먼저 용서를 구하기 바랍니다. 그렇게 회개할 때, 성령님은 당신이 그 문제에서 놓여 자유함을 누리도록 이끌어주실 것입니다.

서로 인자하게 하며 불쌍히 여기며 서로 용서하기를 하나님이 그

리스도 안에서 너희를 용서하심과 같이 하라_엡 4:32

영적 전쟁

성령세례를 주신 후 성령님은 우리의 죄를 강도 높게 드러내어 정화시키시고 내면의 상처와 쓴뿌리들을 제거해나가십니다. 그런데 이때는 성령님만 바쁘신 게 아닙니다. 사탄도 무척 바쁩니다. 이 시기가 바로 사탄이 우리를 가장 많이 정죄하고 두려움을 주는 시기입니다. 성령님과 동행하는 것을 훼방하기 위해서입니다.

그 무렵, 내가 깊은 기도를 할 때마다 너무나 많은 악한 영들이 찾아와 나를 괴롭혔습니다. 잠이 들려고 할 때, 꿈에서, 환상으로, 악한 영들은 계속 나를 괴롭혔습니다. 기도하는 가운데, 아주 깊고 어두운 동굴 속에서 뱀이 똬리를 틀고 입을 벌려 나를 잡아먹으려고 하는 환상도 자주 보았습니다.

그러나 나는 그 악한 영들이 무엇을 원하는지 성경말씀을 통해 정확히 알고 있었습니다.

도적이 오는 것은 도적질하고 죽이고 멸망시키려는 것뿐이요_요 10:10

악한 영들은 기도를 방해함으로써 나를 도적질하고 죽이고 멸망시키기 위해 두려움을 주는 것입니다. 나는 믿음으로 그 악한 영들에 대적했습니다. 환상 가운데, 어느 때는 그 악한 뱀의 머리에 십자가를 꽂기도 했고, 짓밟기도 했고, 뱀에게 이렇게 외치기도 했습니다.

"네가 아무리 그래도 이 동굴은 끝이 있고, 그 끝에는 빛이 있을 거야!"

그렇게 믿음으로 선포하고 난 뒤 나는 더욱더 하나님을 바라보고 그분의 음성을 들으려고 했습니다.

> 큰 용이 내어쫓기니 옛 뱀 곧 마귀라고도 하고 사단이라고도 하는 온 천하를 꾀는 자라 땅으로 내어쫓기니 그의 사자들도 저와 함께 내어쫓기니라 내가 또 들으니 하늘에 큰 음성이 있어 가로되 이제 우리 하나님의 구원과 능력과 나라와 또 그의 그리스도의 권세가 이루었으니 우리 형제들을 참소하던 자 곧 우리 하나님 앞에서 밤낮 참소하던 자가 쫓겨났고 또 여러 형제가 어린 양의 피와 자기의 증거하는 말을 인하여 저를 이기었으니 그들은 죽기까지 자기 생명을 아끼지 아니하였도다 _계 12:9-11

> 내가 너희에게 뱀과 전갈을 밟으며 원수의 모든 능력을 제어할 권세를 주었으니 너희를 해할 자가 결단코 없으리라 _눅 10:19

능력이 임하는
기름부으심
ThankYouHolySpirit

　　　　　　성령세례를 받은 후 나는 기도 시간이 더 즐거웠습니다. 긴 시간 기도해도 얼마 지나지 않은 것처럼 느껴질 때가 많았습니다. 또한 기도의 형식도 변했습니다. 성령님의 임재 가운데 내 마음의 생각을 내려놓고, 마음문을 열고 그분의 임재를 누리고, 그분의 음성을 듣게 되었습니다. 잠자리에 들 때에도 찬양을 틀어놓고 가슴에 손을 얹고 기도하며 잠을 청하곤 했습니다. 내가 잠들어 있는 동안에도 내 영이 하나님의 방문을 환영할 수 있도록 말입니다.

　　하지만 언제나 기도 시간이 즐겁고 성령님의 음성을 가까이 들을 수 있었던 것은 아닙니다. 몇 시간씩 기도를 했지만, 아무것도 얻지 못한 느낌이 들 때도 솔직히 수없이 많았습니다. 잡생각, 음란한 생각이 자꾸 들어서 머릿속이 혼잡한 채 시간만 보낼 때도 있었습니다.

　　그렇게 몇 시간 동안 무릎 꿇고 있다가 일어서면 너무 허탈합니다. 그 시간에 공부를 했으면 머릿속에 넣은 게 얼마나 많겠습니까. 그 시간에 성경을 외웠어도 몇 십 구절은 외웠을 것입니다.

그런데도 나는 왜 이 기도생활을 끊임없이 하고 있는 걸까요?

거룩한 낭비?

나는 과학자라서 그런지 사실, 시간 대비 효율성에 무척 민감합니다. 그만한 시간을 썼는데 얻는 게 아무것도 없다는 사실을 생각하면 속상할 때가 많습니다. 그것은 세상적으로 볼 때 분명히 '낭비'입니다.

게다가 기도가 잘 되지 않고 성령님께서 뭐라고 말씀하시는지 모르겠다고 해서, 그 순간에 특별히 더 노력할 수 있는 것도 없지 않습니까. 그저 성령님의 음성을 기다리는 수밖에요. 그분을 믿고 그 음성에 귀 기울이는 일밖에 없습니다.

> 내 영혼이 하나님 곧 생존하시는 하나님을 갈망하나니 내가 어느 때에 나아가서 하나님 앞에 뵈올꼬 사람들이 종일 나더러 하는 말이 네 하나님이 어디 있느뇨 하니 내 눈물이 주야로 내 음식이 되었도다 _ 시 42:2,3

하지만 나는 "저가 사모하는 영혼을 만족케 하시며 주린 영혼에게 좋은 것으로 채워주심이로다"(시 107:9)라는 말씀을 믿습니다. 하나님께서 하나님을 가까이하는 자를 찾으실 것을 믿습니다. 그래서 주님의 세미한 음성을 듣기 위해 날마다 기도 시간을 가졌습니다.

> 여호와의 눈은 온 땅을 두루 감찰하사 전심으로 자기에게 향하는 자를 위하여 능력을 베푸시나니_대하 16:9

이렇게 기도하지만 아무것도 얻지 못한 것 같을 때, 나는 이것을 '거룩한 낭비'라고 부릅니다. 세상적으로 보면 시간만 낭비하는 것 같지만, 이 거룩한 낭비를 통해 궁극적으로는 인생의 방향이 바뀝니다. 내 안에 계신 성령님과 이야기하기 위해 끊임없이 그분께 말을 걸고 그분의 음성에 귀 기울이는 거룩한 낭비의 시간이야말로 성령세례를 받은 후에 우리가 꼭 거쳐야 할 과정이라고 생각합니다. 이 시간은 내가 하나님을 기다리는 시간이 아니라 나 스스로 세상적이고 인간적인 제한을 걷어내는 시간이며 그동안 하나님이 나를 기다리시는 시간인 것입니다.

생애 첫 안수기도

거룩한 낭비의 시간을 보내고 있던 내게, 1999년 9월 17일, 역사적인 일이 또 한 번 일어났습니다.

그날은 치유집회에 400명이 넘는 많은 수의 사람들이 모였습니다. 보통 크리스 해리슨 목사님은 원하는 성도들 머리 위에 일일이 손을 얹고 기도해주셨습니다. 그러나 그날은 사람들이 너무 많아서, 모두에게 안수기도를 해주려면 시간이 상당히 오래 걸릴 듯했습니다. '어떻게 해야 하지?' 걱정하고 있는데 갑자기 목사님께서 내게 말씀하셨습니다.

"사람이 많으니 오늘은 당신도 안수기도 하세요!"

이게 웬 말입니까? 나는 말만 팀장이지, 남에게 안수기도를 해본 적도 없고, 사실 해줄 수준도 아닙니다. 남의 머리에 손을 얹는 것 자체가 너무 두려웠습니다. 안수기도란 목사님이나 몇몇 능력 있는 분들만 할 수 있는 기도로, 일반 성도들에게는 거의 금기(禁忌)처럼 되어 있습니다. 그런데 그 일을 나보고 하라니, 나는 정말 놀랐습니다.

정말 두렵고 내키지 않았지만, 그렇다고 멀뚱멀뚱 서 있을 수도 없었습니다. 성령님과 목사님께 순종하는 마음으로 나는 줄지어 서 있는 성도 한 사람 앞에 다가갔습니다. 그 사람의 이마에 손을 가져다 대는 둥 마는 둥 나는 눈을 질끈 감고 한참을 기도했습니다. 그런데 어느 순간, 그 사람 이마의 촉감이 느껴지지 않는 게 아닙니까. 깜짝 놀라 눈을 떠보니 그 사람이 내 앞에 쓰러져 있었습니다.

'이게 웬일이야?!'

도대체 무슨 일이 일어나고 있는 건지 혼란스러웠습니다. 물론 그전에 크리스 목사님께서 사람들에게 안수기도 할 때에 사람들의 몸이 뒤로 넘어가는 것을 본 적은 있습니다. 하지만 그런 능력이 나에게서도 나오다니 그것은 너무나 신기한 일이었습니다.

나는 다음 사람에게 가서 다시 그 사람의 이마에 손을 얹고 기도했습니다. 그런데 그 사람도 동일하게 뒤로 넘어지는 것입니다. 다음 사람, 그 다음 사람에게 해도 동일한 일이 계속 일어났습니다. 뒤로 넘어진 사람들은 대부분 바닥에 누워서 눈물을 흘리며 방언으로 기도하거나 모두 개인적으로 성령님을 깊이 만나고 있었습니다. 잠시 후, 그들은 일어나서 하나님의 임재를 경험했다고 고백했습니다.

그때, 그해 1월, 내적치유위원회 팀장으로 임명되었을 때, 크리스 목사님을 찾아갔던 일이 기억났습니다. 팀장을 못하겠다고 말씀드렸을 때 목사님께서는 하나님께서 나를 그 자리에 부르셨고 1년 안에 그 일을 확증해주실 것이라고 했는데, 정말 9개월이 지나고 나서 하나님께서 나에게 확증을 보여주신 것입니다.

'아! 이것이 하나님께서 보여주시는 징표구나.'

나에게 기름부으심이 임한 것입니다!

> 이 묵시는 정한 때가 있나니 그 종말이 속히 이르겠고 결코 거짓되지 아니하리라 비록 더딜지라도 기다리라 지체되지 않고 정녕 응하리라 _합 2:3

기름부으심의 의미

기름부으심의 정의(定義)에 대해서는 사람마다 조금씩 그 설명이 다릅니다. 나는 기름부으심을 '성령님의 나타나심과 행하심'에 초점을 맞춘 말이라고 생각합니다. 구체적으로 성령님께서 어떻게 나타나시고 어떻게 행하시는지는, 구약시대에 기름이 어떻게 사용되었는지 보면 잘 알 수 있습니다.

우선, 기름은 향(香)으로 사용되었습니다. 성령님의 기름부으심은 예수 그리스도의 향기로 우리의 삶에 나타날 수 있습니다.

기름은 왕이나 제사장, 선지자 직분을 위임하는 사람의 머리 위에 부어졌습니다. 이렇듯 성령님의 기름부으심에는 하나님의 권세를 위임한다는 의미가 있습니다.

> 여호와께서 그 왕에게 큰 구원을 주시며 기름부음 받은 자에게 인자를 베푸심이여 영영토록 다윗과 그 후손에게로다_시 18:50

또한 기름은 등잔에 불을 밝히는 데도 사용됩니다. 마찬가지로 우리에게 성령님의 기름부으심이 임하면 어둠이 사라지고 빛이 임합니다.

예로부터 기름은 상처 위에 바르기도 했는데, 성령님의 기름부으심이 임하는 곳에서는 치유의 역사도 일어납니다.

성막과 그 안에 있는 모든 기구(器具)를 성별(聖別)하기 위해서 기름을 발랐습니다. 하나님은 기름부음을 받은 자를 거룩하게 구별하십니다.

기름부으심은 이 땅에 나타난 하나님의 능력입니다. 그런데 이 기름부으심에는 치유와 같은 초자연적인 능력이 포함되기 때문에, 많은 사람들이 기름부으심을 오해합니다. 그리스도를 대적하는 영들은 그리스도인들에게 교묘히 침투하여 기름부으심과 관련한 것들을 의심하고 거부하도록 만들고 있습니다.

그러나 하나님의 능력을 우리의 이성과 경험의 수준으로 끌어내리는 것은 옳지 않습니다. 하나님의 능력을 인정하고 하나님이 그렇게 하실 수 있다고 믿으면서도, 그 능력이 오늘 이 시간에 나타나는 것을 부정한다면, 그것은 어불성설(語不成說)이 아니겠습니까.

다시 한번 강조하면, 기름부으심은 바로 성령님이십니다. 그분은 성부와 성자가 인격이시듯 (눈에 보이지 않지만) 인격이십니다. 그 성령님이 우리를 통해서 나타나는 것이 바로 기름부으심입니다. 우리는 그분을 존귀하게 여겨야 합니다. 늘 경외하며 그분을 근심시키지 않는 삶을 살아야 합니다.

나에게 임한 특별한 기름부으심

크리스 해리슨 목사님의 집회 이후에도 나는 기름부으심이 내게 임하는 것을 느꼈습니다. 어느 기도 모임에 참석했을 때의 일입니다. 나는 성령님께서 충만히 임재하실 때까지 찬양한 뒤 줄곧 방언으로 기도하고 있었습니다.

얼마나 지났을까 깊은 기도에 빠져 있을 때, 갑자기 팔꿈치에서부터

양손가락 끝까지 수만 볼트의 전기가 통하는 느낌이 들었습니다. 손이 불같이 달아올라 너무 놀란 나는 방언기도를 하다 말고 "어! 어! 어!"라고 큰 소리로 외쳤습니다. 어림짐작으로 약 3분 정도 계속 손이 불에 덴 것같이 뜨거웠습니다. 옆에 있는 사람에게 손을 대면 그 사람이 타 죽을 것 같다는 생각이 들 정도였습니다.

할렐루야! 나는 주께서 내 손을 들어 다른 사람들을 치유하는 데 쓰기 원하신다는 것을 알았습니다. 그러나 실제로 치유의 역사가 일어난 것은 이 일이 있고 나서 한참 지난 뒤였습니다.

> 주 여호와의 신이 내게 임하셨으니 이는 여호와께서 내게 기름을 부으사 가난한 자에게 아름다운 소식을 전하게 하려 하심이라 나를 보내사 마음이 상한 자를 고치며 포로 된 자에게 자유를, 갇힌 자에게 놓임을 전파하며 _사 61:1

3

T H A N K Y O U H O L Y S P I R I T

성령님의 입술

: 하늘의 소리를 듣고 말하다 :

하나님의 말씀은 살았고 운동력이 있어 좌우에 날선 어떤 검보다도 예리하여 혼과 영과 및 관절과 골수를 찔러 쪼개기까지 하며 또 마음의 생각과 뜻을 감찰하나니 _히 4:12

제발
성경공부 좀 해라
ThankYouHolySpirit

"제발 성경공부 좀 해라!"

성령충만한 삶을 살려고 할 때, 성령님께서 가장 많이 말씀해주신 것은 제발 좀 말씀을 공부하라는 것이었습니다. 말씀을 공부하지 않고 성령님의 능력만 추구하면 이상한 길로 빠질 수 있음을 경고하신 것입니다.

벽난로와 불

성령충만한 삶과 말씀의 관계를 생각할 때, 성령님께서 떠올려주신 비유가 두 가지가 있습니다. 먼저 벽난로와 불 이야기입니다.

어느 집에 벽난로만 있고 그 안에 불이 없다고 생각해봅시다. 아무리 멋진 벽난로가 있어도 집을 따뜻하게 할 수는 없습니다. 여기서 벽난로는 성경말씀이며, 불은 성령님입니다. 불이신 성령님이 없는 성경말씀은 냉랭하고 차가운 벽난로와 같습니다. 벽난로인 성경말씀만 가진 성도는 하나님의 능력을 경험할 수 없습니다.

반대로 불은 있는데 벽난로가 없다면 어떻게 되겠습니까? 따뜻하다 못해 뜨겁겠지만 불을 담는 틀이 없어서 위험하기 그지없습니다. 불똥이 어디로 어떻게 튈지 예측할 수 없기 때문에 자기 집뿐만 아니라 이웃집에서도 걱정이 이만저만이 아닐 것입니다. 벽난로인 성경말씀 없이 불이신 성령님의 능력만 좇다가는 기준과 절제가 없어 하나님의 성전(聖殿)인 자기 자신을 홀랑 태워버릴 위험이 있다는 말입니다. 주변에서 말씀 없이 성령만 좇는 사람을 보면 혀를 끌끌 차게 되는 것도 다 이 때문입니다.

내비게이션 지도와 GPS 시스템

또 다른 예는 자동차에 장착하는 내비게이션의 지도와 GPS 시스템(인공위성을 이용해 자동차의 위치와 가야 할 방향을 파악하는 시스템)입니다. 여기서 내비게이션 지도는 성경말씀으로, GPS는 성령님으로 생각해볼 수 있습니다.

내비게이션 기기 안에 최신의 지도가 있다 한들, GPS 시스템이 없으면 지금 내가 어느 위치에 있고 어디로 가야 하는지 전혀 알 수가 없습니다. 지도가 틀렸기 때문에 알 수 없는 것이 아닙니다. GPS가 없기 때문에 알 수 없는 것입니다.

내비게이션의 지도와 같은 성경말씀은 분명히 틀림없는 진리입니다.

하지만 아무리 내 안에 말씀이 있다 해도, GPS 역할을 하시는 성령님과 교제할 때만이 그분이 나의 위치를 성경의 좌표에 지적해주실 수 있습니다. 자동차가 잘못된 길로 갔을 때 GPS가 다시 가야 할 길을 계산해서 나타내 보여주는 것처럼, 내가 잘못된 길로 갈 때 성령님은 다시 돌아갈 길을 성경 지도상에 보여주십니다.

자동차가 지하로 들어가게 되면 GPS 수신이 매끄럽지 않습니다. 마찬가지로 내가 어두움 가운데 들어가 죄를 지을 때는 성령님과의 교제가 끊어집니다. 그러면 아무리 내비게이션의 지도인 말씀이 있어도 위치가 혼미해집니다. 따라서 우리는 날마다 성령님과 교제하며 그분의 인도함을 받아야 합니다.

성경이 진리의 말씀인 것은 확실하지만, 오직 성령님이 함께하실 때라야 내가 가야 할 길을 제대로 알게 되고 우리의 삶 가운데 능력이 나타납니다.

내비게이션 지도를 업데이트하라

시간이 지나면 내비게이션의 지도를 업데이트해야 합니다. 지도가 정교하면 할수록 정확하게 길 안내를 받을 수 있습니다. 따라서 계속 성경을 공부해야 합니다. 성경을 아는 만큼 더 정확히 성령님의 인도를 받을 수 있습니다. 성경공부는 내비게이션의 데이터베이스를 구축하는 일입니다.

늘 알고 있는 말씀만 안다면 성령님의 인도하심을 받는 데 제한이 생깁니다. 성경책 그 자체가 예수님은 아닙니다. 성경은 예수님을 증거하는 말씀이므로 예수님이 어떻게 증거되었는지 공부하고 예수님께 더 가까이 나아가는 것이 성경을 올바로 사용하는 방법입니다.

> 너희가 성경에서 영생을 얻는 줄 생각하고 성경을 상고하거니와
> 이 성경이 곧 내게 대하여 증거하는 것이로다 그러나 너희가 영생
> 을 얻기 위하여 내게 오기를 원하지 아니하는도다_요 5:39,40

어떤 사람들은 성령님께서 말씀의 지도 위에 가야 할 방향을 표시해주실 때 "몇 장 몇 절을 봐라!" 이런 식으로 말씀해주시리라고 생각합니다. 그 성경말씀이 무엇인지 자신은 전혀 알지 못하는데도 말입니다. 물론 그런 경우도 있습니다. 하지만 성령님께서 모든 응답을 그렇게 하시지는 않습니다. 대부분, 우리가 그전에 보았거나 알고 있는 말씀을 떠올려주십니다. 그 말씀을 받을 때 우리는 마음이 감동되어 성령님의 음성임을 깨닫습니다. 따라서 말씀을 공부하는 것은 매우 중요합니다.

다른 사람을 상담할 때도 말씀을 많이 아는 것이 대단히 유익합니다. 어떤 사역자들은 지식의 은사가 있어서 기도 받으러 온 성도의 마음 상태나 처한 상황에 대해 술술 이야기합니다. 그런데 이 상처, 저 비밀을 잘도 끄집어내는 사역자가 그 사람에게 합당한 성경말씀을 주지 못하는

경우가 있습니다. 그런 상담은 잘못되기 쉽습니다. 바로 말씀 없이 하는 사역이기 때문입니다. 가장 안전한 사역은 말씀과 성령님이 함께 역사하시는 사역입니다.

말씀과 성령의 조화

말씀과 성령의 은사는 반드시 균형과 조화를 이루어야 합니다. 한쪽으로 치우칠 경우 어려움에 처하게 됩니다.

성령 사역을 하다가 어려움에 처하는 사람을 보면, 집회 때 설교의 반 이상이 자기 경험이나 자랑인 경우가 많습니다. "내가 옛날에 어떻게 했다" 하는 이야기로 시간을 때우기 일쑤입니다. 아니면 성도들이 이해하지 못하는 방언이나 성경에도 없는 이상한 능력을 표출하다가 끝이 납니다.

내가 크리스 해리슨 목사님을 만나 처음부터 말씀으로 사역하는 법을 배운 것은 정말 감사한 일입니다. 처음 내적치유집회를 섬길 때 나는 곁에서 목사님을 돕는 일만 했습니다. 나는 기도를 받는 사람을 위해, 목사님이 그를 위해 기도하시면서 주시는 말씀을 노트에 받아 적곤 했는데, 집에 와서 그 노트를 보았더니 인용한 성경말씀이 얼마나 많았는지 모릅니다. 집회마다 매번 다른 성경말씀으로 설교하시는 데 얼마나 놀라웠는지요.

'도대체 목사님은 어떻게 저렇게 많은 말씀을 아시는 걸까?'

그러고 보니 목사님은 내적치유를 바라는 사람들에게 늘 성경말씀을 주셨습니다. 말씀으로 중심을 잡고 계셨기 때문에, 어떤 일에도 요동이 없으셨습니다. 나도 그 분처럼 말씀이 기초가 되는 삶을 살고 싶었습니다.

그래서 마음먹고 노트를 하나 마련했습니다. 성령님도 "제발 성경공부 좀 하라!" 말씀하시고, 목사님을 볼 때도 도전이 되어 본격적으로 말씀을 공부해보고 싶었기 때문입니다. 그래서 그 노트에 목사님의 설교나 책을 읽으면서 알게 된 말씀들을 적은 다음 그 말씀을 외우기 시작했습니다. 또 직접 성경을 찾아 그 말씀이 어떤 맥락에서 나온 말씀인지 공부하며 성경 전체의 맥을 잡는 공부도 해나갔습니다. 그러면서 점차 말씀과 성령이 조화를 이루어가는 것을 체감하게 되었습니다.

> 그러나 무엇이든지 내게 유익하던 것을 내가 그리스도를 위하여 다 해로 여길뿐더러 또한 모든 것을 해로 여김은 내 주 그리스도 예수를 아는 지식이 가장 고상함을 인함이라 _빌 3:7,8

말씀에 임하는 기름부으심

말씀과 성령님은 분리될 수 없습니다. 둘은 하나입니다. 모든 성령의 역사는 말씀 안에서 이루어집니다. 또한 말씀은 그 말씀에 따르는 능력이 임해야 진정한 말씀입니다. 왜냐하면 말씀이 바로 하나님이시고, 예수 그리스도이기 때문입니다.

하나님의 나라는 말에 있지 아니하고 오직 능력에 있음이라 _고전 4:20

태초에 말씀이 계시니라 이 말씀이 하나님과 함께 계셨으니 이 말씀은 곧 하나님이시니라 _요 1:1

우리는 수많은 설교를 들으며 지식을 얻고 깊은 감동을 받지만, 그 설교 시간에 하나님의 영광의 임재 안에 거하거나 그 말씀대로 어떤 일이 이루어지는 것을 보게 되는 일은 거의 없습니다. 왜냐하면, 말씀이 살아 역사하지 않기 때문입니다. 우리가 흔히 말하는 '감동'과 하나님이 친히 그 전(殿)에 찾아오시는 영광의 임재는 서로 다른 것입니다. 그런데 많은 그리스도인들이 말씀을 들으며 감동은 받지만, 하나님의 영광의 임재 안에 거하지는 못합니다.

왜 이런 현상이 일어나는지 그 이유를 두 가지로 생각해볼 수 있습니다.

첫째, 언제부터인가 기독교 역사에서 말씀이 지식을 전하는 도구로 전락해버렸다는 사실입니다.

둘째, 그리스도인들이 더 이상 말씀을 예수님의 실체로 인정하지 않는다는 점입니다. 우리는 주일에 교회에서 설교 말씀을 들을 때, 단지 좋은 말씀을 듣는 것이지 하나님을 실제로 직접 만나는 것은 아니라고 생각합니다.

그러나 기름부으심이 임한 말씀은 하나님의 능력, 바로 그 자체입니다. 우리는 기독교 역사 속에서 부흥이 일어났을 때 말씀이 바로 능력이 되었던 것을 보았습니다. 따라서 우리는 지금도 말씀에 기름부으심이 흐르기를 간구해야 합니다.

나는 월요치유집회에 나오시는 분들을 보면서 말씀에 기름부으심이 임해야 한다는 사실을 깨달았습니다. 말씀에 빨려 들어가는 그 분들의 모습을 보며 말씀은 정말 성령의 검(劍)이라는 사실을 확인할 수 있었습니다.

> 하나님의 말씀은 살았고 운동력이 있어 좌우에 날선 어떤 검보다도 예리하여 혼과 영과 및 관절과 골수를 찔러 쪼개기까지 하며 또 마음의 생각과 뜻을 감찰하나니 _히 4:12

삼위일체 하나님을 알 때

우리가 성경말씀과 성령님의 능력을 조화롭게 누리지 못하고 어느 것 하나에만 치중하는 것은 삼위일체 하나님을 제대로 알지 못하기 때문입니다. 물론 겉으로는 성부, 성자, 성령이신 삼위일체 하나님을 다 알고 다 믿는다고 하지만, 어느 한 분에만 치중해 있는 경우가 많습니다.

어떤 사람은 주로 성령님을 통해서 하나님을 바라보고, 어떤 사람은 예수 그리스도의 말씀을 통해 하나님을 바라보지만, 하나님은 우리가 성부, 성자, 성령 삼위일체를 다 알고 경험하기를 원하십니다. 그럴 때 비로소 우리가 진정한 하나님을 알 수 있을 것입니다.

  이제라도 많은 그리스도인들이 성부, 성자, 성령 하나님을 모두 알고 믿고자 노력해야 합니다. 하나님의 말씀을 더 깊이 알아가고 성령님과 더 깊이 교제할 때, 내가 변하고 교회가 변하고 세상이 변하고 하나님나라가 더 굳건히 서가리라 믿습니다.

성령님의
음성을 듣는 법
ThankYouHolySpirit

성령님께서는 내가 성령님의 음성을 들으며, 그분과 더욱더 친밀히 지내기를 원하셨습니다. 그래서 하나부터 열까지 내가 주님께 의존하며 순종하는 삶을 살아가도록 훈련시키셨습니다.

성령충만하기 전에는 기도하거나 성경을 보다가 문득 떠오르는 생각이 있을 때, 그것을 성령님이 주시는 마음이라 생각하고 실행에 옮기는 일이 드물었습니다. 그러나 이제는 달라졌습니다. 성령님의 음성에 예민하게 반응하여 순종하고 싶은 마음이 내 안에서 솟구쳤습니다.

성령님께 순종하는 삶을 시작한 지 얼마 되지 않았을 때 일인데, 어느 날은 갑자기 성령님께서 어떤 자매에게 3만 원을 가져다주라고 말씀하시는 것 같았습니다. 나는 그 자매에게 왜 3만 원이 필요한지 전혀 알지 못했지만, 성령님의 말씀에 순종하고자 했습니다. 그래서 그 자매에게 돈을 가져다주었습니다. 결과는 어땠을까요?

자매가 "이 돈이 꼭 필요했는데, 어떻게 아셨어요? 정말 감사해요"라고 말했으면 좋으련만 오히려 자매는 나를 이상한 사람 취급하며 돈을 받지 않았습니다. 한동안 헛다리 짚는 일이 얼마나 많았는지 모릅니다. 어느 때는 성령님께서 갑자기 "어디를 가봐라" 하는 마음을 주신 것 같아 급히 그쪽으로 가보기도 했습니다. 그러나 그곳에 도착해보면, 주목할 만한 것이 아무것도 없었습니다. 특별한 일도 전혀 일어나지 않았습니다.

그때 나는 성령님께서 내가 성령님의 음성에 순종하도록 훈련시키셨다고 생각합니다. 내가 아직 잘못 알아들을지라도 성령님의 음성을 듣고자 하고, 그 음성에 순종하려 했던 마음을 기뻐하셨으리라 생각합니다.

들은 대로 행동에 옮기는 순종 훈련 덕분에, 나는 병든 사람들을 위한 치유 사역을 하면서 의기소침해지거나 힘들지 않았습니다. 설령 당장 눈에 보이는 치유가 일어나지 않는다 하더라도, 성령님의 음성에 순종하여 병든 사람들을 위해 계속 기도할 수 있었습니다.

성령님의 음성 듣기

우리는 대부분 그동안 너무나 율법적인 신앙생활을 해왔습니다. 우리와 함께하시는 성령님과 교제하기보다는 율법적으로 성경의 말씀을 지키는 데 더 많은 시간과 노력을 투자해왔습니다.

하나님은 오늘도 살아 계시고, 어제나 오늘이나 영원히 동일하신 분입니다. 그러나 우리의 관심은 살아 계신 현재의 하나님보다는 역사에 기록된 하나님께 더 쏠려 있습니다. 성경에 기록된 그 일을 오늘도 하시는 하나님이 아니라 하나님이 하셨던 일 그 자체에 관심이 더 많은 것입니다. 그러면서도 "하나님은 지금도 살아 계시고 우리와 함께하신다"라고 말합니다. 말과 믿음이 따로따로인 것입니다.

그리고 누군가가 지금 성령님께서 말씀하신다고 하면 쉽게 이단이라고, 신비주의에 빠졌다고 판단해버립니다. 성령님의 음성을 직접 듣고 순종하는 것은 매우 위험스러운 일이라 그쪽으로 가기보다는 기록된 말씀만 의지하고 신앙생활 하는 게 낫다고 생각하는 것입니다.

그러나 우리가 성령님의 음성을 직접 듣는 것을 무조건 위험하다고 치부하고, 그쪽으로 가면 안 된다고 문을 꼭꼭 닫아놓자 어떤 일이 발생했습니까? 진짜 이단이 그 영역에 들어와 성령님의 말씀을 거짓으로 전하기 시작했습니다. 사실은 우리가 차지하여 이단이 절대 발붙이지 못하도록 해야 하는 영역에서 이단이 활개를 치고 있는 것입니다.

> 양들이 그의 음성을 아는 고로 따라오되_요 10:4

> 내 양은 내 음성을 들으며 나는 저희를 알며 저희는 나를 따르느니라_요 10:27

로고스와 레마

성령님의 음성을 듣는 것은 기록된 말씀인 성경을 무시하는 것이 절대 아닙니다. 오히려 성경 속에서 지금 우리에게 말씀하시는 성령님의 음성을 듣는 것입니다.

우리말 성경에는 모두 '말씀' 이라고 번역되었지만, 헬라어에는 하나님의 말씀을 가리키는 단어가 두 가지 있습니다. 하나는 '로고스'(Logos)이고 다른 하나는 '레마'(Rhema)인데, 이 두 단어가 의미하는 바는 서로 다릅니다. 로고스는 문자화된 객관적인 말씀을 말하며, 레마는 삶의 현장에서 말씀하시는 하나님의 음성을 가리킵니다.

우리가 읽는 성경말씀(로고스)은 진리입니다. 그러나 그 진리의 말씀이 오늘 나에게 아무런 영향을 미치지 못할 수 있습니다. 그러던 어느 날, 그전에는 문자로만 읽고 지나쳤던 어느 한 말씀이 그날따라 마음에 강하게 꽂힐 때가 있습니다. 전에는 전혀 뜻을 모르던 말씀이 갑자기 뜻이 풀리기도 하고, '이건 나에게 주시는 말씀이다' 라는 생각을 성령님께서 부어주실 때가 있습니다. 그때 그 말씀이 바로 레마입니다. 레마에는 능력이 있습니다.

과거 로고스 말씀이 레마의 말씀으로 내 마음에 들어오는 순간, 나에게 권세가 임하는 사건이 있었습니다. 예수님이 공생애를 시작하시기 위해 세례를 받은 후 하나님께서 예수님에게 친히 하신 말씀입니다. 그 말씀을 수십 번 읽으며 그때마다 예수님은 참 좋겠다는 생각을 했습니다.

예수께서 세례를 받으시고 곧 물에서 올라오실 새 하늘이 열리고 하나님의 성령이 비둘기같이 내려 자기 위에 임하심을 보시더니 하늘로서 소리가 있어 말씀하시되 이는 내 사랑하는 아들이요 내 기뻐하는 자라 하시니라 _마 3:16,17

그러던 어느 날, 예전과 동일하게 말씀을 읽는데, 이 말씀이 내 가슴에 그대로 들어오기 시작했습니다. 이 말씀이 예수님뿐만 아니라 바로 나에게 하시는 말씀이라는 것을 알게 된 것입니다. 말씀이 성령의 검이 되어 내 마음에 들어온 것입니다.

그때부터 나는 머리가 아닌 몸 전체로 하나님의 아들이 되었습니다. 바로 그 순간 로고스가 레마가 된 것입니다.

살아 움직이는 말씀을 듣는 법

어떤 사람들은 레마를 찾는다고 성경책을 아무 데나 펼쳐서 제일 처음 보이는 말씀을 오늘 주시는 말씀으로 취하기도 합니다. 그러나 이 방법은 하나님의 음성을 듣는 바람직한 방법이 아닙니다.

그보다는 늘 성경말씀을 가까이하고 기도하며 하나님의 뜻을 여쭙는 것이 옳습니다. 그러면 성령님께서 말씀을 주십니다. 성경말씀을 떠오르게 하실 때, 그중에는 내가 잘 아는 말씀도 있고, 잘 모르는 말씀도 있습니다. 왜냐하면 그 말씀은 내가 머리로 기억한 게 아니라 성령님께서 떠오르게 하신 것이기 때문입니다.

모든 생각은 우리의 마음에서 이루어지는데, 우리의 마음판은 마치 스크린과 같습니다. 그 마음판에 정보를 비추는 영적인 근원 세 가지는 바로 하나님의 영, 사탄의 영, 사람의 영입니다. 어떤 영적 근원이 마음판에 정보를 비추든지, 우리는 그 마음판에 투영된 그대로 느끼고 이해하게 됩니다.

성령님께서 말씀이 떠오르게 하시는 것을 다른 말로 하면 '자연적 계시의 흐름'이라고 표현할 수 있습니다. 이것은 우리가 마음문을 열고 주님을 기다리고 바라볼 때, 우리 심령에 계신 성령님의 생각과 뜻이 자연스럽게 우리의 마음판에 비취는 것을 말합니다. 이때 마음판에 비친 말씀은 오감(五感)을 동원하여 추구한 것이 아니라 마음속 깊은 곳으로부터 올라와 자연스럽게 알게 된 것입니다. 하나님의 말씀이 이렇게 심령에서부터 올라와 마음판에 비칠 때 레마가 되는 것입니다.

> 내가 내 파수하는 곳에 서며 성루에 서리라 그가 내게 무엇이라 말씀하실는지 기다리고 바라보며 나의 질문에 대하여 어떻게 대답하실는지 보리라_합 2:1

그렇다고 해서 우리가 성경말씀을 읽거나 기도하는 특정한 순간에만 레마를 들을 수 있는 것은 아닙니다. 우리는 일상생활 가운데 늘 성령님과 대화하며 그분의 음성을 들을 수 있습니다. 양은 목자의 음성을 듣게 되어 있습니다.

> 문으로 들어가는 이가 양의 목자라 문지기는 그를 위하여 문을 열고 양은 그의 음성을 듣나니 _요 10:2,3

구약성경에서도 많은 사람들이 하나님의 음성을 들었던 것을 알 수 있습니다. 성삼위(聖三位) 가운데 성령님께서 우리와 함께 계시는데, 우리가 하나님의 음성을 듣지 못할 이유가 어디 있습니까? 우리는 하나님의 음성을 들을 수 있습니다.

다만, 성령님의 음성이라고 생각한 것이 성경말씀에서 벗어난다면, 그것은 절대 하나님의 음성이 아닙니다. 성경은 신앙생활을 해나가는 데 기준이 되는 진리의 말씀입니다. 우리는 성경을 기준으로 하나님의 음성인지 아닌지를 분별하여 목자의 음성을 따라가는 삶을 살아야 합니다.

지금 이 시대에 많은 그리스도인들이 하나님의 음성을 들을 수 있느냐, 들을 수 없느냐를 놓고 논쟁을 벌이고 있습니다. 그러나 양이 목자의 음성을 듣는 것은 당연합니다. 따라서 이제는 문제의 초점이 달라져야 합니다. 하나님의 음성을 들을 수 있느냐 없느냐가 아니라, 지금 내가 들은 음성이 하나님의 말씀인가, 사탄이 주는 생각인가를 분별하는 것이 중요합니다.

음성을 듣는 여러 통로

하나님께서는 성경말씀을 통해서도 말씀하시고, 우리가 들을 수 있는 소리로도 직접 말씀하실 수 있습니다. 하나님은 사무엘의 이름을 직접 부르셨습니다.

> 여호와께서 임하여 서서 전과 같이 사무엘아 사무엘아 부르시는지라 사무엘이 가로되 말씀하옵소서 주의 종이 듣겠나이다 _삼상 3:10

우리 가운데 어떤 사람들은 사무엘처럼 하나님께서 친히 말씀하시는 음성을 듣고 있을지도 모릅니다. 그러나 대부분 하나님의 음성을 내면적인 음성으로 듣습니다. 우리가 마음문을 열었을 때 찾아오신 성령님께서 우리 안에 거하시면서 그 속에서 말씀하시는 것입니다.

> 보혜사 곧 아버지께서 내 이름으로 보내실 성령 그가 너희에게 모든 것을 가르치시고 내가 너희에게 말한 모든 것을 생각나게 하시리라 _요 14:26

우리가 인간적인 생각을 내려놓고 성령님의 뜻에 초점을 맞출 때, 성령님은 우리 마음에 말씀하시고 감동을 주십니다. 그 음성은 육신의 귀로 듣는 게 아니라 마음의 귀로 듣는 것입니다. 성령님이 주신 생각은 머리에서 마음으로 내려온 게 아닙니다. 내 영 깊은 곳에서부터 마음으로 올라온 것입니다.

또한 하나님은 꿈이나 환상을 통해서도 말씀하십니다. 또 내가 잘못했을 때는 양심을 찌르시면서 "그건 죄야! 잘못된 거야!"라고 말씀하십니다. 그리고 다른 사람이나 환경을 통해서도 말씀하십니다.

대합실 문을 통해 말씀하시다

몇 년 전 속초에서 서울시 녹지과 공무원을 대상으로 강의를 한 적이 있었습니다. 강의를 마치고 고속버스터미널로 가는 길에 속초에 살고 있는 동생에게 전화를 걸어 안부를 물었습니다.

그리고 저녁 9시 반쯤 터미널에 도착했더니, 11시에 출발하는 버스가 있었습니다. 차표를 끊고 터미널 대합실 의자에 앉아 승차 시간을 기다렸습니다. 그런데 자꾸 성령님께서 가지 말라고, 차를 타지 말라고 말씀하시는 것 같았습니다. 하지만 나는 속초에서 하룻밤을 보내는 것이 싫었습니다. 새벽이 되더라도 얼른 가족들이 있는 집으로 돌아가고 싶었습니다. 그래서 엉덩이를 의자에 딱 붙인 채 못 들은 척하고 있었습니다.

때마침 대합실 텔레비전에서 나오는 일기예보에 바람도 많이 불고 날씨가 좋지 않을 거라고 했습니다.

'아! 날씨가 안 좋으니까 차를 타지 말라는 말씀인가보다.'

하지만 그래도 나는 집에 가고 싶었습니다. 그래서 속으로 성령님께 말씀드렸습니다.

"성령님! 제가 진짜 이 차를 타지 말아야 하면, 저기 앞에 있는 대합실 문이 반만 열리게 해주세요."

그런데 내 말이 떨어지자마자 문이 딱 반만 열렸다가 닫히는 게 아닙니까. 활짝 다 열리는 것도 아니고 반만 열리는 게 쉬운 일은 아닌데 말입니다. 그 뒤로는 다시 열리지 않았습니다. 나는 매우 놀라 충격을 받았습니다만, 한편 의심이 들기도 했습니다.

'이게 우연이 아닐까? 내가 성령님을 믿기는 하지만….'

그래서 양털 시험으로 재차 하나님의 뜻을 확인한 기드온처럼(삿 6:39) 한 번 더 성령님께 말씀드렸습니다.

"성령님! 이거 주님이 하신 거 맞는데요, 제가 진짜 믿음이 적어서 그러는데 한 번만 더, 한 번만 더요! 정말 제가 여기서 자고 가기를 원하시면 제 동생이 전화해서 '자고 가라, 형!' 이렇게 말하게 해주세요. 그 전화가 오면 성령님 말씀으로 믿겠습니다."

바로 전화가 올 줄 알았는데 전화가 오지 않았습니다. 초조한 마음으로 기다리는데, 한 10분쯤 지났을까요. 대합실 문이 열리더니 동생과 제수씨가 들어오는 것이었어요.

"형, 자고 가!"

몇 시간 전에 전화상으로 안부도 다 묻고 이야기도 했는데, 아무 연락도 없이 동생과 제수씨가 어떻게 대합실에 나타난 걸까요? 이미 전화로

간다고 인사까지 다 했는데 말입니다. 그때 동생 내외는 내가 터미널에서 몇 시 차편을 끊었는지, 이미 서울로 출발했는지 아닌지 전혀 모르는 상황이었습니다.

"형, 우리 집에서 자고 가."

동생이 그 말을 하는데, 형이고 뭐고 체면도 상관없이 내 눈에서 눈물이 주르륵 쏟아졌습니다.

"성령님, 죄송해요. 성령님, 죄송해요."

아무것도 모르는 동생은 깜짝 놀라서 "형, 왜 그래? 내가 온 게 그렇게 감동적이야?" 하고 물었습니다. 그게 아닌데! 실은 성령님께 감격한 건데 말입니다.

그날 동생의 집으로 가서 이야기를 나누어보았습니다. 나는 그때까지 하나님께 온전한 삶을 드리지 못하고 있던 그에게 하나님을 향한 갈급함이 있다는 것을 알게 되었습니다.

'아, 동생에게 하나님의 말씀을 나누어주라고, 그래서 자고 가라고 하셨구나.'

그날 밤 우리는 오랫동안 하나님에 대해 이야기를 나누었습니다. 동생이 큰 위로를 받고 하나님과 가까워지는 귀한 시간이었습니다. 나는 몸이 약한 제수씨를 위해서도 기도해주었습니다. 성령님께서 환경을 통해 말씀하신다는 것을 깨달은 소중한 경험입니다.

음성을 들을 준비

하나님은 다양한 경로로 우리에게 말씀하십니다. 그러므로 우리는 우리의 영, 혼, 육을 모두 다 그분께 열어놓아야 합니다. 그래야 하나님과 친밀하게 교제할 수 있습니다. 하나님께서 예전에 내게 친히 음성으로 말씀하신 적이 있다고 해서, 늘 그것만 기다리고 있으면 그분과 지속적으로 교제해나갈 수 없습니다. 하나님께서 성경말씀을 통해, 우리의 마음이나 다른 사람의 말을 통해, 주변 상황이나 꿈이나 환상을 통해 언제 어떻게 말씀하실지 모르기 때문에 우리는 항상 깨어 있어야 합니다.

하나님의 음성을 듣기 위해 내가 수시로 하는 일이 있습니다. 바로 내 몸의 각 부분을 예수 그리스도의 피로 덮고 깨끗이 청소하는 것입니다. 우리가 하나님의 음성을 '듣는다' 고 표현하지만, 사실 하나님의 마음을 아는 데는 우리의 눈과 코와 귀와 입, 몸의 모든 부분이 사용될 수 있습니다. 하나님께서 보여주시는 것을 보고, 맡게 하시는 냄새를 맡고, 들려주시는 음성을 듣고, 말씀하게 하시는 것을 말하는 일입니다.

> 너희 지체를 불의의 병기로 죄에게 드리지 말고 오직 너희 자신을 죽은 자 가운데서 다시 산 자같이 하나님께 드리며 너희 지체를 의의 병기로 하나님께 드리라_롬 6:13

그래서 나는 날마다 이렇게 기도합니다.

"주님, 내 눈과 코와 입과 귀, 가슴, 심령, 손, 발 모두를 예수님의 보혈로 덮어주소서. 깨끗케 해주소서. 내 눈이 음란한 곳을 두리번거리지 않게 하시고, 주님이 허락하신 것을 보게 하소서! 내 귀가 세상적인 아무 소리나 듣게 하지 마시고, 하나님께서 말씀하시는 것을 듣게 하소서! 내 코가 벌렁거리며 좋은 냄새를 찾지 않게 하시고, 그리스도의 향기를 맡게 하소서! 내 입술이 마음에 가득한 것을 그냥 쏟아내지 않게 하시고, 성령님이 말씀하게 하시는 것을 전하게 하소서! 내 마음을 새롭게 하소서! 세상적인 정보로 채우지 않게 하시고, 성령님께서 주시는 말씀을 감동으로 받는 마음판이 되게 하소서! 내 심령이 하나님의 영광으로 가득하게 하소서! 내 손이 더러운 것을 만지는 탐욕스러운 손이 되지 않게 하시고, 사랑과 치유의 손이 되게 하소서! 이 손이 빛의 손이 되어서 닿는 곳곳마다 변화가 일어나게 하소서! 내 발이 내 욕심대로 움직이지 않게 하시고, 서라 하시면 서고, 가라 하시면 가고, 춤추라 하시면 춤추게 하소서! 예수님의 이름으로 기도합니다, 아멘."

방언으로
성령님과 교제하다
Thank You Holy Spirit

성령세례를 받으신 분들 가운데는 방언에 대해 궁금해 하시는 분들이 많습니다. 방언은 모든 은사 가운데 가장 기본적인 은사라고 할 수 있습니다. 방언이 그만큼 중요하기 때문에 일부 교회에서는 "방언을 받지 못하면 성령세례를 못 받은 것이다"라는 말까지 합니다. 방언이 중요한 것은 사실이지만, 방언 받지 못했다고 성령세례를 받지 못한 것은 아닙니다.

성령이 말하게 하심을 따르라

방언은 '은사' 입니다. 하나님께서 주권적으로 주시는 선물이라는 뜻입니다. 모든 사람에게 모든 은사가 다 있어야 하는 것은 아니기 때문에 어떤 사람에게는 하나님께서 방언을 주시지 않을 수도 있습니다.

그러나 우리에게 좋은 것을 주기 원하시는 하나님의 성품을 생각해볼 때, 방언을 받지 못하는 사람 대부분은 방언에 대해 부정적인 생각을 가졌거나 자신의 의지가 너무 강해서 자꾸 머릿속으로 말을 생각하기 때문에 방언을 받지 못하는 것 같습니다.

만약 방언 받기를 간절히 사모하는 사람이 주변에 있다면, 방언을 먼저 받은 사람이 "하나님께서 방언을 주시도록 같이 기도하자"라고 말하고 기도해줄 수 있습니다. "머리로 생각해서 말하려 하지 말고, 하나님이 심령에 주시는 감동대로 그냥 입을 열어 소리를 내보라"고 조언해줄 수도 있습니다. 하지만 방언이 나오지 않는 경우, 계속 재촉하기보다는 성령님 안에서 마음을 편히 하고 안식하도록 이끌어주는 것이 필요합니다.

방언을 받는 가장 정확한 방법은 성령충만한 가운데 성령님께서 말하게 하심을 따르는 것입니다.

> 저희가 다 성령의 충만함을 받고 성령이 말하게 하심을 따라 다른 방언으로 말하기를 시작하니라 _행 2:4

방언은 인위적으로 하는 것이 아니라 성령님의 말하게 하심을 따라 행하는 것입니다. 방언의 주도자는 내가 아니라 성령님이시며, 우리가 할 일이라고는 그분께 우리의 혀와 입을 의탁하는 것뿐입니다. 그러므로 방언보다 성령세례가 선행되어야 하며, 성령세례를 받은 후에는 성령충만으로 이어가야 합니다.

방언의 유익

몸이 찌뿌드드할 때 운동을 해서 한바탕 땀을 흘리고 나면, 몸이 시원하고 상쾌한 게 기분이 참 좋습니다. 땀으로 노폐물이 빠져나가기 때문입니다.

머릿속이 복잡하고 혼미할 때, 방언으로 한참 기도하다보면, 영혼이 깨끗하게 청소되는 것 같은 느낌을 받습니다. 영혼에 붙어 있던 더러운 것들이 다 떨어져나가는 것입니다.

> 방언을 말하는 자는 자기의 덕을 세우고 예언하는 자는 교회의 덕을 세우나니 _고전 14:4

방언으로 기도하게 되면, 더 깊은 기도에 들어갈 수 있고, 더 오랫동안 기도할 수 있습니다. 하나님과 영적인 교제를 더 친밀하게 나눌 수 있는 것입니다. 방언을 받기 전에는 10분 기도하는 것도 어려워하던 사람이, 방언으로 기도하게 되자 지치지 않고 오랜 시간 기도하게 되는 경우를 자주 봅니다. 성령님의 역사로 1시간을 마치 10분처럼 느끼며 기도하게 되는 것입니다.

어떤 사람들은 오랜 세월, 이성적으로 기도해오던 대로 기도 제목 1번, 2번, 3번, 4번 순서대로 우리말로 기도해야 마음이 편할 수도 있습니다. 그러나 그것은 일종의 의무감입니다. 그 의무를 다해야만 자신이 편해지는 것이지요.

그러나 방언기도는 자기 자신이 없어지는 훈련입니다. 나의 발성기관을 전적으로 성령님께 맡기는 것입니다. 성령님께서는 내가 이성적으로 중요하게 생각하는 기도 제목의 우선순위를 따라 기도하시는 게 아니라 하나님의 뜻대로 간구하십니다. 하나님의 뜻대로 내게 가장 필요한 것들을 간구해주시는 것입니다.

> 마음을 감찰하시는 이가 성령의 생각을 아시나니 이는 성령이 하나님의 뜻대로 성도를 위하여 간구하심이니라 _롬 8:27

성령님께서 하나님의 뜻대로 기도해주시기 때문에, 방언은 중보기도에도 아주 유용합니다. 내가 어떤 사람의 처지를 잘 알지 못하더라도, 방언으로 기도하면 자신이 미처 모르는 부분까지 그 사람을 위해 기도하게 됩니다.

그래서 방언으로 기도하다보면, 평소에 전혀 생각나지 않던 사람이 갑자기 생각나고, 그 사람을 위해 계속 기도하겠다거나 만나서 이야기를 들어줘야겠다는 생각이 절로 들게 됩니다. 그것은 성령님께서 말씀해주시는 것입니다. 그분께서 친히 우리에게 무엇을 해야 할지 가르쳐주시는 것입니다.

절제하는 방언

방언을 받은 후 너무 기쁘고 좋은 나머지, 가정과 교회에 그 사실을 이야기하고 시도 때도 없이 사람들 앞에서 방언을 하는 사람들이 있습니다. 그러나 방언에 대해 거부감을 가지고 있는 가정이나 교회 내에서는 절제가 필요합니다. 두려움이나 이질감을 불러일으켜서 공동체의 질서를 어지럽힐 수 있기 때문입니다.

> 그러나 교회에서 네가 남을 가르치기 위하여 깨달은 마음으로 다섯 마디 말을 하는 것이 일만 마디 방언으로 말하는 것보다 나으니라 _고전 14:19

> 그러므로 온 교회가 함께 모여 다 방언으로 말하면 무식한 자들이나 믿지 아니하는 자들이 들어와서 너희를 미쳤다 하지 아니하겠느냐 _고전 14:23

방언에 대해 관심이 없거나 싫어하는 사람들 앞에서는 잠잠히 있는 지혜와 절제가 필요합니다. 그 사람도 방언의 유익을 알게 되도록 중보기도 하면서 때를 기다려야 합니다.

방언이 힘들게 느껴질 때

방언은 영의 기도이기 때문에 통변의 은사가 없이는 이해할 수 없습니다. 방언은 하나님께 말하는 비밀의 언어입니다.

> 방언을 말하는 자는 사람에게 하지 아니하고 하나님께 하나니 이는 알아듣는 자가 없고 그 영으로 비밀을 말함이니라_고전 14:2

방언을 말하면서도 알아듣지 못하다보니, 입은 바쁘게 움직이는데 머리가 멍하고 공허한 기분이 들 때가 있을 것입니다. 이런 상태는 어떤 사람 혼자만의 문제가 아닙니다. 성경에도 나와 있습니다. 사도 바울은 이럴 때 방언으로 기도하면서 마음으로도 기도하라고 말합니다.

> 내가 만일 방언으로 기도하면 나의 영이 기도하거니와 나의 마음은 열매를 맺히지 못하리라 그러면 어떻게 할꼬 내가 영으로 기도하고 또 마음으로 기도하며 내가 영으로 찬미하고 또 마음으로 찬미하리라_고전 14:14,15

또 어떤 사람은 방언을 하는데도 자꾸만 의식이 발동해서 자신이 지금 소리를 작위적으로 내고 있는 것은 아닌지 의심할 수도 있습니다. 방언을 시작한 지 얼마 안 되었을 때는(생활 속에서는 계속 우리말을 쓰다가 기도 시간에 혼자 방언을 하려고 할 때), 뭔가 어색한 느낌이 들고 방언이 잘 안 나올 수 있습니다. 그럴 때는 방언하기 전에 성령님의 임재 안에 들어가는 훈련이 필요합니다. 먼저 성령충만 하도록 간구하고, 방언을 계속해 보십시오. 성령님이 충만하게 임재하신 가운데 방언을 하게 되면 절대로 작위적이라는 느낌이 들지 않습니다. 만약 자꾸 의심이 든다면, 성령님께 새 방언을 부어주시기를 간구해보십시오. 성령님께서는 한 가지 방언만을 주시는 게 아니라 새 방언을 부어주십니다.

어떤 사람들은 방언보다 우리말로 생각하고 기도할 때, 더 간절한 기도가 나오고 눈물이 흐르고 마음에 감동이 있다고 합니다. 방언기도에 별 감동이 없기 때문에 방언기도가 필요 없다고 느끼는 것입니다. 사람들은 자신의 감정을 통해서 하나님 안으로 들어가는 데 익숙합니다. 그래서 마음으로 기도했을 때 눈물이 나오면 하나님의 임재 안에 있다고 생각합니다. 물론 그런 경우도 있지만, 감정이 전부는 아닙니다.

방언기도가 깊어지면 내 영 깊은 곳에서 생수의 강이 흘러나오는 것을 알 수 있습니다. 그때 흐르는 눈물은 내 영이 흘리는 눈물입니다. 성령님이 나를 위해, 또 내가 중보하는 그 사람을 위해 흘리시는 눈물입니다. 그 긍휼과 사랑의 눈물은 오직 방언기도를 통해서 경험할 수 있습니다. 그때 성령님께서 마음에 주시는 감동은 이성적으로 기도할 때는 느낄 수 없을 정도로 깊습니다.

> 이와 같이 성령도 우리 연약함을 도우시나니 우리가 마땅히 빌 바를 알지 못하나 오직 성령이 말할 수 없는 탄식으로 우리를 위하여 친히 간구하시느니라_롬 8:26

방언 훈련법

나는 자동차를 운전할 때, 으레 방언으로 기도합니다. 사람 많은 버스 안에서 방언을 한다면 미친 사람 취급을 당하겠지만, 자가용 안에서는 마음껏 성령님과 교제할 수 있습니다.

어느 날 방언으로 기도하며 차를 운전하고 있는데, 그날따라 성령님께서 강력하게 임재하셔서 내 눈에서 눈물이 비 오듯이 쏟아지고 난리가 났습니다. 그러다 신호등에 걸려서 차를 잠시 세우고 기다리는데, 옆 차선에 있던 자동차 운전자가 내 얼굴을 보고 깜짝 놀랐나봅니다. 그가 자기 차의 창문을 내리더니 나를 향해 외쳤습니다. 처음에는 그 사람이 뭐라고 하는지 알아차리지 못하고 계속해서 방언기도에 집중했습니다. 그러다가 그 사람을 보고 저도 놀라 창문을 열었습니다. 그가 흥분한 얼굴로 물었습니다.

"괜찮으세요? 괜찮으신 거예요?"

나한테 무슨 일이 일어난 줄 알았던 것입니다. 무슨 일인지 걱정하며 말까지 걸어온 그 사람에게 참 고맙고도 너무 민망했습니다.

하지만 나는 그 후로도 쭉 자동차 안에서 성령님과 밀애를 나누고 있습니다. 다른 사람의 방해를 받지 않고 기도할 수 있는 귀한 시간을 놓치고 싶지 않기 때문입니다. 그러다 갑자기 성령님이 강력하게 임하시면 차를 길가에 세우고 혼자 부흥회를 하는 경우도 많습니다.

방언기도의 유익을 경험하기 위해서는, 늘 방언을 생활화하는 것이 중요합니다. 왜냐하면 자신이 그 방언의 뜻을 알든 모르든 간에 방언을 한다는 것은 영으로 하나님과 교제하는 것이기 때문입니다. 따라서 혼자 있는 시간에 방언하고, 바쁜 일과 중에서도 지속적으로 방언할 기회를 만드는 것이 필요합니다.

처음에는 대부분 언어라기보다는 그냥 소리에 가까운 방언을 받습니다. 예를 들면 "랄랄랄랄"만 반복한다든가, "디디디디"만 반복하는 것입니다. 마치 아기가 처음 말을 배울 때 옹알이부터 시작하듯이 단순한 소리를 반복해 내는 것입니다. 이런 방언을 흔히 아기방언이라고 부릅니다. 아기방언을 말하다가 다양한 음절을 발음하게 되는, 좀 더 언어다운 방언을 받기 위해서 성령님께 새 방언을 달라고 간구할 수 있습니다. 또한 방언을 생활화해서 늘 말하다보면, 어느 순간 방언이 바뀌는 것을 경험할 수 있습니다.

물론 방언은 세상의 언어와 다르기 때문에 방언이 우리말과 일대일 대응이 되어 통변되는 것은 아닙니다. 방언 한 마디가 우리말 열 마디로 통변될 수 있고, 반대로 방언 열 마디가 우리말 한 마디로 통변될 수도 있습니다.

만약 좀 더 언어에 가까운 방언이 잘 나오지 않으면 방언으로 성경책을 읽어보는 것도 좋은 방법입니다. 그런데 성경을 한 절 한 절 눈으로 읽으면서 그 말씀을 방언으로 따라가다보면, 자신이 같은 단어를 반복해서 말하고 있다는 것을 발견하게 됩니다. 성경말씀에 나오는 어떤 단어를 읽을 때 방언이 매번 똑같이 나오는 것입니다. 이렇게 성경을 방언으로 읽으면 방언을 좀 더 언어다운 언어로 말할 수 있게 되고, 어떤 단어들은 그 의미를 짐작해볼 수 있습니다.

또 한 가지 훈련법은 집중적으로 방언을 해보는 것입니다. 무슨 말인가 하면, 짧게 방언하는 것이 아니라 한 자리에서 긴 시간 방언하는 것이 유익하다는 말입니다. 그러면 방언을 말하는 동안, 마음에 있는 부정적인 것들, 즉 하나님께서 좋아하시지 않는 것들을 다 떨어버릴 수 있습니다. 방언으로 30분 이상 쉬지 않고 큰소리로 기도하면, 때로는 마음 깊숙한 곳에 붙어 있던 상한 감정과 부정적인 쓴뿌리들이 마구 올라와 구역질이 나거나 마치 음식물을 토하듯이 가래를 뱉어내는 일도 일어날 수 있습니다. 이런 일은 영혼을 씻어내는 작업입니다.

생수의 흐름을 따라

처음에는 좀처럼 잘 느낄 수 없을지 모릅니다만, 방언을 자꾸 하다보면, 생수의 흐름에 따라 방언을 하게 됩니다. 성령님의 깊은 임재 가운데, 성령님께서 방언을 입 밖으로 밀어내주시는 것을 느끼며, 생수가 흘러나오듯이 자유롭게 방언하게 되는 것입니다.

> 나를 믿는 자는 성경에 이름과 같이 그 배에서 생수의 강이 흘러나
> 리라 하시니 이는 그를 믿는 자의 받을 성령을 가리켜 말씀하신 것
> 이라_요 7:38,39

내 안에 계신 성령의 흐름에 내 혀를 온전히 맡기면 뱃속에서부터 생수의 강이 흘러나오듯이 방언이 나옵니다. 이때 방언은 방언대로 나오고, 마음은 마음대로 기도할 수 있겠지만, 마음으로 기도하지 않고 그 마음까지 성령님께 드릴 수가 있습니다. 머릿속으로 다른 기도를 하지 않고, 입에서 나오는 방언에 집중하면서 성령님께 여쭤보는 것입니다.

"주님! 지금 나오고 있는 이 방언이 무슨 뜻이죠?"

방언이 먼저 입 밖으로 나가고, 그 뒤 성령님께서 그 말씀을 풀어주시도록 간구하는 것입니다. 그럴 때 성령님께서 이 방언이 어떤 뜻이라는 감동을 마음에 주십니다. 정확하게 방언을 통변하지 못하더라도 자신이 하는 방언이 어떤 의미인지 어느 정도 알고 있는 사람들이 있는데 바로 이 단계에 있는 것입니다. 이 훈련을 계속하다보면 통변도 가능해집니다.

따라서 통변을 훈련하고 싶다면, 10초나 20초 단위로 나누어서 방언으로 기도하고, 방언할 때 마음에 감동이 있었던 것을 우리말로 표현해

기도하고, 다시 방언으로 기도하는 일을 반복해보는 것도 좋습니다. 이렇게 훈련하다보면 다른 사람의 방언을 들을 때도 내 마음속에 어떤 감동이 오게 됩니다.

방언찬양

방언으로 찬양도 할 수 있습니다. 찬양으로 하나님을 경배하는 것입니다. 방언찬양은 기존의 찬양곡에 우리말 가사 대신 방언을 얹어 부를 수도 있고, 성령님이 주시는 새 노래로 부를 수도 있습니다. 새 노래는 우리가 알고 있는 찬양곡이 아니라 성령님이 즉석에서 주시는 신령한 가락과 방언 가사를 말합니다.

> 시와 찬미와 신령한 노래를 부르며 마음에 감사함으로 하나님을 찬양하고_골 3:16

방언찬양을 여럿이 함께 부를 때, 우리는 예배 장소에 천사들이 함께 와 있는 것 같은 느낌을 받을 수 있습니다. 실제로 천사들이 우리와 같이 찬양하는 것입니다.

특히 모두 새 노래를 부르게 되면, 일정한 형식 없이 성령님이 주시는 아름다운 가락과 방언 가사로 저마다 찬양하게 됩니다. 그런데도 아름답게 어우러져 정말 환상적입니다. 서로 약속해놓은 것이 아무것도 없는데도 방언찬양을 부르는 사람들끼리 서로 화답하며 노래 부르는 것입니다. 성령님의 임재 안에서 한쪽에 있는 사람들이 방언찬양을 시작하면 그 찬양 절을 이어받아 저쪽에 있는 사람들이 화답합니다. 그 화음이 어찌나 완벽하고 아름다운지, 마치 물결이 햇빛에 반짝이며 출렁이다가 잦아들고 출렁이다가 잦아드는 것처럼 운동력이 있으면서도 평화롭습니다. 그야말로 천상(天上)의 소리입니다.

어떤 사람들은 성령님으로부터 새 노래를 받았지만, 받은 당시에만 방언찬양이 되고, 이후에는 찬양이 나오지 않는다고 고백하기도 합니다. 그것은 "성령의 충만함을 받고 성령이 말하게 하심을 따라"(행 2:4) 찬양하지 않기 때문입니다. 성령체험을 했지만 일회적인 경험으로 끝나 버리고 성령충만하지 못한 사람은, 이후에 다시 예전에 있던 신앙의 자리로 돌아오게 됩니다. 이런 사람은 성령님께서 다시 강하게 임재하시기를 초청하고 그분께 자아를 내드리며 성령님과 지속적으로 교제해가야 합니다. 그럴 때 방언찬양도 다시 시작할 수 있을 것입니다.

예수님의 권세로
선포하다
ThankYouHolySpirit

"**집**사님, 오셔서 같이 기도해주세요."

집사 시절, 교회 모임에서 다른 사람을 위한 기도 요청을 받을 때가 있었습니다. 그러나 나의 기도 형식이 다른 사람과 달랐기 때문에, 아무 모임에나 가서 공개적으로 기도하는 것이 마음에 걸렸습니다. 하지만 기도할 사람이 없다는데 거절할 수 없어서 함께 기도하게 됩니다.

다른 사람들은 모두 사람들을 위로하고 격려하는 기도를 했습니다. 하나님 아버지를 부르고 "이 사람을 도와주옵소서. 예수님의 이름으로 기도합니다"라는 일반적인 간구기도였습니다.

신분에 합한 기도

그러나 나는 그렇게 기도하고 싶지 않았습니다. "예수의 이름으로 명하노니, 질병들은 떠나갈지어다!" 이렇게 선포하고 싶었습니다. 나는 나 자신이나 내 주변 사람들을 위해 기도할 때도 이렇게 선포기도를 하고 있었습니다. 선포기도를 할 때 성령님께서 그 일을 이루시는 일도 많았습니다. 권세 있는 하나님의 자녀 된 우리의 신분을 생각할 때, 이것이 온전한 기도라고 여겼습니다. 그러나 다른 목회자들과 성도들이 이상하게 생각할까봐 부담을 느꼈습니다.

> 너희가 내 이름으로 무엇을 구하든지 내가 시행하리니 이는 아버지로 하여금 아들을 인하여 영광을 얻으시게 하려 함이라_요 14:13

이 말씀에 의지해서 내가 예수의 이름으로 명령하거나 요구하는 기도를 하면, 사람들은 모두 깜짝 놀라는 눈치였습니다. 서로 눈을 찡긋거리며 생각을 주고받습니다. 분명 이런 말들이었습니다.

'잘났어, 정말!'

'자기가 예수님인 줄 아나봐.'

그런데 그런 기도를 받은 사람은 대부분 그 자리에서 쓰러지고 울고불고합니다. 성령님께서 임하시자 몸이 뜨거워지고 감격스러워 어쩔 줄 몰라 하는 것입니다. 그렇게 되면, 같이 기도하러 모인 성도님들로부터 끝내 이런 식의 이야기까지 듣곤 했습니다.

"왜 사람을 쓰러트렸어요? 왜 울부짖게 만들어요? 좀 조용히 기도하게 하지 못하고!"

"그건 제가 한 일이 아닙니다"라고 말씀드렸지만 그 분들은 잘 이해하지 못하셨습니다. 성령님을 믿기는 하셨지만 성령님의 나타남에 대해서는 제대로 이해하지 못했기 때문에, 이상한 능력을 조절해서 쓰지 못했다고 나를 비난하는 것입니다.

그렇게라도 나를 써주시고 사랑하는 영혼들을 돕고자 하시는 성령님께 감사하면서도 난처하고 당혹스러울 때도 한두 번이 아니었습니다.

선포기도의 권리

신약성경을 보면 예수님께서 이 땅에서 병을 치유하시고, 귀신을 쫓고, 기사와 표적을 일으키실 때 선포하셨던 것을 볼 수 있습니다.

> 예수께서 손을 내밀어 저에게 대시며 가라사대 내가 원하노니 깨끗함을 받으라 하신대 문둥병이 곧 떠나니라_눅 5:13

아버지의 아들 자격으로 선포하신 것입니다. 아버지께서 그 일을 반드시 이루실 것을 믿고 아셨기 때문입니다. 그래서 예수님은 하나님 아버지를 향해서는 "아버지의 뜻대로 이루소서"라는 간구기도를 드렸지만, 다른 사람이나 악한 영을 향해서는 담대히 선포하셨습니다.

또한 예수님의 제자들도 선포기도를 했습니다.

> 베드로가 가로되 은과 금은 내게 없거니와 내게 있는 것으로 네게
> 주노니 곧 나사렛 예수 그리스도의 이름으로 걸으라 하고_행 3:6

지금 우리는 대부분 간구하는 기도만을 사용합니다. 선포하는 기도는 신앙생활에서 쏙 빠져버렸습니다. 우리는 예수님이 아니기 때문에 선포할 수 없다고 생각합니다. 신약성경에 나오는 예수님의 제자들이 선포기도를 하기는 했지만, 그들은 그만큼 예수님과 가까웠고 특별한 신앙을 가진 사람들이었다고 간주하는 것입니다.

성령님을 잘 알지 못하는 사람은 성령님과 예수님을 따로 분리하여 생각합니다. 그러나 성령님은 예수 그리스도의 영이시고, 하나님 아버지의 영이십니다. 성령님이 곧 내 안에 오신 예수님이십니다.

> 주와 합하는 자는 한 영이니라_고전 6:17

그러므로 성령님을 내 마음속에 모시고 살 때, 내 안에는 예수 그리스도가 계십니다. 내가 예수 그리스도와 하나가 되었으므로 예수님이 하신 기도를 하지 못할 이유가 없는 것입니다. 나의 동기가 예수님이 주신 선한 것이라면, 선포기도는 당연히 누려야 할 권리입니다.

선포기도는 하나님과 대화하는 것이 아닙니다. 문제가 되는 대상을 보고 대화하는 것입니다. 마음에 고민과 근심이 있을 때 "내가 예수의

이름으로 명하노니 떠나갈지어다!"라고 선포하는 것은, 결국 마음속 고민에게 이렇게 말하는 것과 같은 뜻입니다.

"하나님 아버지가 너보다 얼마나 크신 분인지 아느냐? 예수님이 피 값으로 나의 모든 죄 값을 지불하셨으니, 너희는 내게 아무런 영향력과 권세가 없다. 내 안에서 떠나라!"

그러나 대부분의 사람들이 선포기도가 무엇인지 잘 모르다보니, 대상에게 직접 말하지 못하고 하나님을 향해서만 말합니다. 대상을 앞에 놓고도 그렇게 기도할 수밖에 없는 것입니다.

"아버지, 큰일 났어요. 이거 빨리 해주셔야 해요. 아버지, 나 이거 못 한단 말이에요."

그러나 아버지 하나님의 영인 성령님께서 내 안에 계시기 때문에 우리는 간구기도를 하지 않고도 바로 선포기도를 할 수 있습니다.

선포기도의 실패

선포기도를 하고 나면, 기도를 받은 사람과 기도한 사람 모두 하나님의 역사가 나타날 것을 무척 기대하게 됩니다. 그렇기 때문에 기도 결과에 따라서 서로의 믿음에 상처를 주는 일이 생기기도 합니다.

나 역시 선포기도를 한 후 하나님의 역사가 곧 나타날 것을 기대하며 "할렐루야!" 할 준비를 하고 있는데, 결국 아무 일도 일어나지 않을 때가 있었습니다. 그런 일이 일어나면 기도를 받는 사람이나 기도한 사람이나 서로 얼마나 곤혹스럽겠습니까? 제 경우에는 눈도 잘 못 마주치고 말도 잘 못하고 서로 민망해 하다가 어정쩡하게 헤어진 적도 꽤 있었습니다. 그러고 나면 별별 생각이 다 떠오릅니다.

'기도 받은 사람이 날 이상한 사람이라고 생각하겠지? 능력도 없는 주제에 자기가 뭐 예수님이나 되는 것처럼 군다고, 쓸데없는 짓을 했다고 생각할 거야. 혹시 그 사람이 하나님은 자기를 사랑하지 않는다고 생각하면 어쩌지? 사랑하지 않아서 아무 일도 안 생겼다고 오해하고 상처 받으면 큰일인데.'

그러나 우리는 단지 하나님의 통로로 쓰임 받는 존재일 뿐이며, 하나님께서 우리를 지극히 사랑하신다는 사실을 기억하기만 하면 다시 힘이 납니다. 하나님의 통로인 우리가 해야 할 일은 하나님의 말씀을 믿고 선포하는 것입니다. 선포기도를 했을 때 아무 일도 일어나지 않는 것은 실패가 아닙니다. 다시 기도하지 않겠다고 마음먹는 것이 진짜 실패입니다. 진짜 실패하지 마시고 용기를 내어 선포기도를 시작해보십시오.

믿음을 버리지 말라

선포기도를 했을 때 아무 일도 일어나지 않으면 사탄은 우리를 비웃고 참소할 것입니다. 그때 우리가 해야 할 행동이 무엇이겠습니까? 믿음 가운데 서 있어야 합니다. 그 순간에 우리가 의심하면 정말 아무 일도 일어나지 않습니다.

다니엘서 10장을 보면 다니엘이 기도할 때, 하나님께서 들으시고 그에게 천사를 내려 보내셨습니다. 그러나 그 천사가 다니엘에게 오는 도중에 바사국 군(君)에 붙잡혀서 21일이나 지체하게 되었습니다. 그렇지만 다니엘은 하나님께서 도와주실 것을 단 한 번도 의심하지 않았습니다. 그가 계속 믿음을 품고 있었기에, 그 천사가 천사장 미가엘의 도움을 받아 결국 다니엘에게 올 수 있었습니다.

> 그가 내게 이르되 다니엘아 두려워하지 말라 네가 깨달으려 하여 네 하나님 앞에 스스로 겸비케 하기로 결심하던 첫날부터 네 말이 들으신 바 되었으므로 내가 네 말로 인하여 왔느니라 그런데 바사국 군이 이십일 일 동안 나를 막았으므로 내가 거기 바사국 왕들과 함께 머물러 있더니 군장 중 하나 미가엘이 와서 나를 도와주므로 이제 내가 말일에 네 백성의 당할 일을 네게 깨닫게 하러 왔노라 _단 10:12-14

사람들이 기도 응답을 기다리다가 의심할 때 나는 항상 다음 세 가지를 질문합니다.

"여전히 당신은 하나님의 자녀입니까?"

우리는 하나님의 사랑하시는 아들딸들입니다.

> 영접하는 자 곧 그 이름을 믿는 자들에게는 하나님의 자녀가 되는

권세를 주셨으니_요 1:12

"여전히 당신은 하나님나라 안에 있습니까?"
하나님의 통치가 이루어지는 곳이 하나님의 나라입니다. 하나님의 통치를 받고 있다면 당신은 하나님의 나라에 있는 것입니다.

너희는 먼저 그의 나라와 그의 의를 구하라 그리하면 이 모든 것을 너희에게 더하시리라_마 6:33

"여전히 당신은 예수 그리스도의 십자가의 보혈과 성령님의 권능을 믿습니까?"

이와 같이 그리스도도 많은 사람의 죄를 담당하시려고 단번에 드리신 바 되셨고 구원에 이르게 하기 위하여 죄와 상관없이 자기를 바라는 자들에게 두 번째 나타나시리라_히 9:28

이 세 가지를 붙들어야 합니다. 우리가 여전히 하나님의 자녀이고, 하나님나라 안에 있고, 십자가 보혈과 성령님의 권능을 믿는다면 의심하지 말아야 합니다.
한 번 기도했다가 '안 되네' 하고 믿음을 거두면 안 됩니다. 지체되더라도 다니엘처럼 믿고 기다려야 합니다. 하나님께서 보내신 천사가 곧 악한 영의 훼방을 이기고 올 텐데, 여기서 내가 믿음을 거두고 의심한다면 그 천사는 악한 영에게 묶여서 올 수 없습니다. 그러므로 믿음을 지켜야 합니다. 그럴 때 하나님의 큰 권세와 능력이 작동하게 되는 것입니다.

> 내가 진실로 너희에게 이르노니 누구든지 이 산더러 들리어 바다에 던지우라 하며 그 말하는 것이 이룰 줄 믿고 마음에 의심치 아니하면 그대로 되리라 그러므로 내가 너희에게 말하노니 무엇이든지 기도하고 구하는 것은 받은 줄로 믿으라 그리하면 너희에게 그대로 되리라_막 11:23,24

아픈 사람들을 위한 선포기도

아픈 사람을 위해서 기도할 때는, 기도하는 사람뿐만 아니라 기도를 받는 그 사람도 하나님나라에 속한 사람인지 확인해야 합니다. 그래야 성령님께서 임재하셔서 그 병을 치료해주실 수 있습니다.

"구원받았습니까? 그렇다면 당신은 정말로 예수님과 개인적인 관계가 있습니까?"

이렇게 말한 다음 하나님의 말씀대로 선포하면 됩니다.

"예수 그리스도의 이름으로 명하노니 _____ 병이 치유될지어다!"

그 사람의 질병을 알면 구체적으로 병명(病名)을 넣어서 담대하게 선포합니다.

"내가 예수 그리스도의 이름으로 명하노니 더러운 _____ 는 떠나갈 지어다!"

이렇게 예수의 이름으로 꾸짖고 묶고 쫓아내는 것입니다.

베드로전서 2장 24절의 말씀을 인용하여 선포할 수도 있습니다.

"저가 채찍에 맞음으로 너희는 나음을 얻었느니라!"

"이 말씀은 하나님나라의 법입니다. 이 말씀대로 이루어질 것을 믿습니다. 예수님께서 채찍에 맞으셔서 우리를 회복시켜주실 때, 육체적인 질병도 치유하셨음을 믿습니다."

그러면 그 말씀대로 선포하는 것입니다.

마태복음 8장 17절의 말씀을 인용하여 선포할 수도 있습니다.

"우리 연약한 것을 친히 담당하시고 병을 짊어지셨도다 함을 이루려 하심이더라!"

말씀은 생명의 씨앗입니다. 그 말씀이 우리의 마음에 심겨질 때 비로소 생명이 죄와 죽음을 압도하게 됩니다.

나쁜 생각이나 감정이 찾아올 때 할 수 있는 선포기도

나는 마음속에서 나쁜 생각이나 감정이 들 때도 선포기도로 악한 영을 대적합니다. 그런데 이 기도에서 중요한 것은 먼저 '하나님께 순복하는 것' 입니다.

> 너희는 하나님께 순복할지어다 마귀를 대적하라 그리하면 너희를
> 피하리라_약 4:7

하나님께 순복하기 위해서는 먼저 회개해야 합니다. 선포기도를 시작할 때 가장 중요한 것이 회개입니다. 하나님께 순복하지 못했던 죄들을 회개해야 기도의 능력이 나타납니다. 그러므로 회개하고, 자기 자신을 예수 그리스도의 보혈로 덮어야 합니다.

회개는 자신이 지은 죄만을 뜻하지 않습니다. 진정한 회개는 자신의 잘못된 반응에 대한 회개입니다. 예를 들어 다른 사람의 잘못 때문에 내가 그 사람을 용서할 수 없다고 생각해봅시다. 인간적으로는 분명히 상대의 잘못이지만, 하나님이 보시기에는 용서하지 못하는 내 마음도 죄를 짓고 있는 것입니다. 따라서 하나님나라의 법대로 생각하지 못하는 나 자신의 죄를 먼저 회개해야 합니다. 먼저 철저히 회개하십시오. 그리고 다음과 같이 선포하십시오.

"내가 예수 그리스도의 이름으로, 내 머리끝부터 발끝까지 우리 주 예수 그리스도의 보혈로 덮노라! 보혈로 인해 내가 죄 사함 받았음을 선포하노라! 내가 이 시간 예수 그리스도의 이름으로 명하노니, 나에게 나쁜 영향을 준 영, 감정, 생각들은 나의 영, 혼, 육에서 완전히 떠나갈지어다! 떠나갈지어다!"

진정한 하나님나라의
백성으로

ThankYouHolySpirit

　　　　　　우리는 대부분 선포기도의 유익을 누리지 못하고 간구기도만 합니다. 마찬가지로 이 땅에서 '천국 복음'(good news about kingdom)을 누리지 못하고 '좁은 복음'(good news)만 가지고 살아가는 사람이 대부분입니다. 예수님은 천국 복음을 말씀하시는데 우리는 단지 죄 사함과 중생 그리고 예수만 이야기합니다. 그러다보니 우리가 누군지도 알지 못합니다.

　스스로 어쩌다가 태어난 존재라고 생각합니다. 그렇고 그렇게 살다가 전도를 받아 예수 그리스도를 알게 되었고, 내가 죄인인데 죄 사함을 받았고, 구원을 받았다는 것입니다. 이제부터 열심히 교회에 다니고 또 죄 짓지 않고 살면, 때가 되면 하나님께서 부르시고 그때 천국에 간다고 생각합니다. 그것이 우리의 삶과 우리 자신에 대해 내린 규정입니다.

누구입니까?

그러나 이 생각을 처음부터 다시 해봅시다. 우리는 누구입니까? 우리는 하나님나라의 역사적 사명을 띠고 이 땅에 태어난 존재입니다. 만세(萬歲) 전에 하나님께서 나를 지으셨고, 나를 보고 계셨고, 기다리고, 기다리고, 또 기다리셨습니다. 나의 부모를 통해 나를 낳으셨고, 내 태중(胎中)에서부터 내 모든 장기(臟器)가 만들어지는 신묘막측한 과정을 다 보셨습니다.

그분은 기다려주셨습니다. 비록 내가 죄악 가운데서 태어났지만 나를 버리지 않으시고 그냥 기다리셨습니다. 막무가내로 두들겨 패서 예수님을 믿게 하신 게 아니라 내 입술로 "주여" 하고 부를 때까지 기다려주셨습니다. 그리고 내 죄를 사해주셨습니다.

그것도 모자라서 내 안에 성령님으로 찾아오셨습니다. 찾아오셔서 그분의 형상과 모양대로 회복시켜주시고, 나와 교제하시고, 그분의 뜻을 이루도록 나에게 권세와 능력을 주셨습니다.

> 우리는 그의 만드신 바라 그리스도 예수 안에서 선한 일을 위하여 지으심을 받은 자니 이 일은 하나님이 전에 예비하사 우리로 그 가운데서 행하게 하려 하심이니라_엡 2:10

우리는 이 놀라운 축복을 받은 사람들입니다.

하나님의 아름다움을 선전하는 자

우리는 하나님의 아름다움들을 선전하는 자로 살아야 합니다.

> 오직 너희는 택하신 족속이요 왕 같은 제사장들이요 거룩한 나라요 그의 소유된 백성이니 이는 너희를 어두운 데서 불러내어 그의 기이한 빛에 들어가게 하신 자의 아름다운 덕을 선전하게 하려 하심이라_벧전 2:9

우리는 구원받고 이 땅에서 어찌어찌 살다가 천국 가는 존재가 아닙니다. 만세 전부터 하나님께서 준비하셔서 마침내 때가 되어서 이 땅에, 지금 이 시점에 하나님나라를 이루어가는 존재로 하나님께서 부르신 것입니다. 이것은 다른 누가 아니라 바로 당신에 대한 이야기입니다.

하나님의 아름다운 덕을 선전하려면 하나님이 나타나야 합니다. 어떻게 나타나야 합니까? 내 안에 오신 성령님이 나타나심으로 그런 일이 일어나게 됩니다.

이 사실을 알 때부터 당신의 정체성이 완전히 달라집니다. 예전에는 어쩌다가 이 세상에 태어나 참고 견디며 살아가는 존재였다면, 이제는 하나님으로부터 부름 받은 존재로 변화되는 것입니다. 삶이 완전히 달라진다는 이야기입니다. 내가 살아가는 것 자체가 하나님의 아름다운 덕을 선전하는 일이 됩니다. 나는 이 관점을 '천국 백성의 정신'(kingdom mentality)이라고 부릅니다.

"그런데 내가 뭐 덕을 선전할 게 있을까요?"

이런 질문은 하지 마십시오. '내'가 아니라 '내 안에 계신 성령님'이 그 일을 이루시는 것입니다.

우리는 자신의 정체성과 존재 가치를 잘못 알고 있습니다. 그리스도인인데도 타락 후 규정된 인간의 정체성과 존재 가치에 따라 살고 있습니다. 수많은 사람들이 자신의 지식이나 능력을 자랑하거나 반대로 세상과 하나님과 부모님과 자신에 대해 불평들을 쏟아냅니다.

그러나 잊지 마십시오. 하나님은 공의로우신 분입니다. 이 말은 하나님께서 우리에게 지식이나 재능이나 은사나 능력을 동일하게 주셨다는 뜻이 아니라 하나님 자신을 똑같이 나누어주셨다는 뜻입니다. 우리는 그리스도 안에서 새로운 정체성과 존재 가치를 찾아야 합니다. 우리는 모두 자신이 갈고 닦은 것을 이 땅에 나타내는 존재가 아닌, 하나님 자신을 이 땅에 나타내도록 부름 받은 존재입니다.

> 그런즉 누구든지 그리스도 안에 있으면 새로운 피조물이라 이전 것은 지나갔으니 보라 새것이 되었도다 _고후 5:17

> 내가 세상에 속하지 아니함같이 저희도 세상에 속하지 아니하였삽나이다 저희를 진리로 거룩하게 하옵소서 아버지의 말씀은 진리니

이다 아버지께서 나를 세상에 보내신 것같이 나도 저희를 세상에 보내었고_요 17:16-18

하나님나라 만들기

하나님나라의 백성으로 살아가십시오. 즉, 하나님의 나라와 하나님의 의를 구했고 그분과 올바른 관계에 있다면 무엇이든지 구하십시오. 그대로 이루어질 줄 믿습니다.

사람들은 성경대로 기도했는데 바라는 일이 일어나지 않는다고 말합니다. 그것은 하나님나라의 법을 이 땅에 적용시키기 때문입니다. 이 땅을 먼저 하나님의 나라로 만들어야 합니다.

그러면 하나님나라를 어떻게 만들 수 있습니까? 하나님의 영광이 임하면 하나님나라가 됩니다. 그래서 우리는 하나님을 초청해야 합니다. 우선 내 자신부터 하나님나라가 되어야 합니다. 성령충만을 받아야 하는 것입니다. 성령충만은 성령님이 나를 소유하신다는 뜻입니다.

그 다음 자신이 밟은 땅에 하나님나라가 임하기를 선포해야 합니다. 그곳의 주인이 하나님이심을 인정해야 합니다. 그리고 하나님의 말씀을 적용시키면 그때 하나님께서 역사하십니다.

성령 없이, 하나님나라도 없이, 예수 이름만 붙잡아야 아무 일도 일어나지 않습니다. 그러고는 우리 스스로 믿음이 없다고 생각합니다. 내가 믿음이 없고, 내 죄 때문에 그렇다고 생각합니다. 그러나 하나님은 그렇게 말씀하신 적이 없습니다.

하나님나라의 의미

신약성경에만 '하나님나라'나 '하나님의 나라'라는 말이 약 70번 나옵니다. 예수님은 하나님나라를 전하기 위해 오셨다고 말씀하셨습니다. 그런데 우리는 하나님나라 대신 반쪽짜리 복음을 다른 사람들에게 전합니다. "회개하라 천국이 가까웠다!"라고 전하는 게 아니라 회개와 죄 사함만 가르치고 천국, 즉 하나님나라에 대해서는 가르치지 않습니다. 예수님이 가르치신 천국은 죽어서만 가는 곳이 아니라 이 땅에서도 하나님의 뜻이 이루어지는 것을 의미합니다.

> 적은 무리여 무서워 말라 너희 아버지께서 그 나라를 너희에게 주시기를 기뻐하시느니라_눅 12:32

성령님이 나를 소유하고 주도하고, 나는 그분께 내가 가진 모든 것을 드릴 때, 하나님의 영광이 나를 지배하게 됩니다. 하나님의 영광이 지배하는 곳, 즉 하나님의 통치가 있는 곳이 하나님의 나라입니다. 그러므로 하나님의 나라는 눈에 보이는 장소의 개념이 아니라 오히려 통치의 개념입니다.

> 바리새인들이 하나님의 나라가 어느 때에 임하나이까 묻거늘 예수께서 대답하여 가라사대 하나님의 나라는 볼 수 있게 임하는 것이 아니요 또 여기 있다 저기 있다고도 못하리니 하나님의 나라는 너희 안에 있느니라_눅 17:20,21

하나님나라를 선포하라

우리는 가는 곳곳마다 하나님나라를 선포해야 합니다. 하나님나라가 도래하지 않는 이유는 하나님의 자녀들이 그 사실을 인정하지 않기 때문입니다. 하나님의 자녀들이 입술로 선포하지 않기 때문에 하나님나라가 도래하지 않는 것입니다.

하나님나라가 도래해야만 하나님의 역사가 일어납니다. 하나님나라에서 하나님의 백성이 하나님나라의 법을 사용할 때(말씀을 선포할 때) 그들은 자국민(自國民)의 혜택을 받을 수 있습니다. 우리가 하나님나라의 백성인데도 그 나라의 백성 된 혜택을 받지 못하고 그냥 힘겹게 살아가야겠습니까?

하나님나라에서 치유는 당연한 질서일 뿐입니다. 온전한 하나님의 나라에는 질병이 없습니다.

# 4

THANKYOUHOLYSPIRIT

성령님의
권능

: 성령님의 나타나심과 능력으로 쓰임받다 :

저물매 사람들이 귀신 들린 자를 많이 데리고 예수께 오거늘
예수께서 말씀으로 귀신들을 쫓아내시고 병든 자를 다 고치시니 _마 8:16

성령님의 연장통을
여는 열쇠
T h a n k Y o u H o l y S p i r i t

기름부으심이 임한 후, 나는 성경에 나오는 은사들을 구체적으로 구하기 시작했습니다. 주변에서는 여전히 나를 걱정스러운 눈초리로 보며 충고해주었습니다.

"은사를 구하는 건 교만에 빠질 수 있는 위험한 길이에요. 은사주의나 신비주의에 빠지고 싶으세요? 정말 은사가 필요하다면 구하지 않아도 어련히 주시지 않겠어요?"

믿음이 약할 때는 '내가 정말 이러다 이상한 길로 빠지는 건 아닌가?' 하는 생각이 들기도 했습니다. 실제로 성경말씀 없이 은사만 붙드는 것은 극단으로 빠질 수 있는 위험한 길입니다. 나도 그런 길로 가고 싶은 마음은 전혀 없습니다. 다만 성경말씀도 사모하지만, 성경에 약속하신 대로 은사도 사모할 뿐입니다.

더욱 큰 은사를 사모하라

> 형제들아 신령한 것에 대하여는 내가 너희의 알지 못하기를 원치
> 아니하노니_고전 12:1

> 너희는 더욱 큰 은사를 사모하라 내가 또한 제일 좋은 길을 너희에
> 게 보이리라_고전 12:31

> 사랑을 따라 구하라 신령한 것을 사모하되_고전 14:1

성경에는 분명히 은사를 사모하라 구하라고 적혀 있습니다. 가만히 있으면 주시겠다는 말씀은 찾을 수가 없습니다. 또한 성경을 읽으면 읽을수록, 하나님나라를 넓힌 사람들 가운데 은사 없이 사역한 사람이 없다는 사실을 알 수 있었습니다. 사도 바울도 "내가 너희 모든 사람보다 방언을 더 말하므로 하나님께 감사하노라"(고전 14:18)라고 말할 정도로 은사를 귀하게 여기지 않았습니까.

하지만 몇몇 성도들의 공격은 줄기차게 계속되었습니다.

"사랑의 은사가 최고예요! 다른 건 다 쓸데없어요! 그 은사도 없는 사람이 얼마나 많은데, 왜 딴 걸 구하세요? 굳이 은사를 구하시려면 사랑의 은사를 구하세요."

이 말을 돌이켜 생각해보면, 그때 다른 분들의 눈에 내가 사랑의 은사가 부족한 사람으로 비춰진 것 같습니다. 그렇다면 그 분들이 그렇게 말한 데는 제 잘못도 큽니다. 이 자리를 빌어서 사랑의 은사가 부족했음을 시인하고 용서를 구하고 싶습니다.

하지만 그렇다고 해서 "사랑의 은사를 먼저 구하라. 다른 것은 다 필요없다! 때가 되면 하나님이 주신다"라는 주장에 손을 들어줄 수는 없습니다. 왜냐하면 성경에는 "사랑을 먼저 구하라"가 아니라, "사랑을 '따라' 구하라"(고전 14:1)라고 되어 있기 때문입니다. 모든 은사를 사랑 안에서 행해야 하는 것은 옳습니다. 그러나 사랑을 먼저 구하고 능력 행하는 일에는 손 놓고 있으라는 말은 성경 어디에서도 찾아볼 수 없습니다.

그날이 오면

그날이 오기까지 내가 우리 가족을 얼마나 많이 괴롭혔는지 모릅니다. 여기서 '그날'이란 바로 내게 신유의 은사가 임한 것을 눈으로 확인하게 된 날입니다.

집에 있으면 나는 가족들이 아픈 데가 없는지 눈을 크게 뜨고 지켜보곤 했습니다. 그러다가 조금이라도 아픈 기색이 있으면 달려가서 그의 머리를 붙들고 안수기도를 했습니다. 그때 머리카락 다 안 빠진 게 천만다행이라고 우스갯소리를 하는 가족도 있습니다. 정말 머리카락이 다 안 빠진 게 신기할 정도로 열심히 안수기도 했습니다.

나는 성령님의 기름부으심이 임한 후 여러 가지 은사를 사모했습니다만, 그중에서도 특히 신유 은사를 간절히 구했습니다. 내적치유위원회 팀장으로 오랫동안 섬기다보니 나는 많은 사람들을 위해 기도하게 되었고, 그들 대부분이 마음의 병뿐만 아니라 영적인 문제와 육신의 질병으로 고통스러워하는 것을 보았습니다.

'사람이 영, 혼, 육으로 이루어졌는데, 마음만 치유된다고 온전하게 될까? 하나님은 우리가 온전하게 되기를 원하시는데. 마음만 치유되고, 몸은 여전히 아픈 채 그냥 살기를 바라지는 않으실 텐데.'

> 평강의 하나님이 친히 너희로 온전히 거룩하게 하시고 또 너희 온 영과 혼과 몸이 우리 주 예수 그리스도 강림하실 때에 흠 없게 보전되기를 원하노라_살전 5:23

그래서 은사를 구하면서 붙든 말씀이 잠언 20장 27절 말씀이었습니다.

> 사람의 영혼은 여호와의 등불이라 사람의 깊은 속을 살피느니라
> _잠 20:27

하나님께서 탐조등처럼 우리의 심령을 비추셔서, 내 안에 깊숙이 숨어 있는 동기를 드러내신다는 말씀이었습니다.

나는 은사를 자유롭게 구하지 못하는 이유가 그 동기가 떳떳하지 못하기 때문이라고 생각합니다. 내 욕심을 따라 쓰기 위해서가 아니라 하나님의 자녀로서 하나님의 나라를 넓히기 위해서라면, 자유롭게 은사를 구하지 못할 이유가 없습니다. 나는 예수님처럼 사랑과 긍휼로 잃어버린 영혼을 찾고 그들을 회복시키고 싶었습니다. 그러나 그것은 내 능력과 내 노력과 내 힘으로는 절대 불가능한 일입니다.

> 내 말과 내 전도함이 지혜의 권하는 말로 하지 아니하고 다만 성령의 나타남과 능력으로 하여 _고전 2:4

내 힘으로는 아무것도 할 수 없습니다. 오직 성령님만이 하실 수 있습니다. 그래서 내가 할 수 있는 것이라고는 "성령님, 주셔야 합니다!"라고 기도하는 것입니다. 나는 떳떳하게 구했습니다.

"주님! 제가 저 잘 먹고 잘 살려고 구하는 게 아니지 않습니까? 성령님, 주셔야 합니다."

나는 비록 눈에 보이지 않지만 믿음으로 구한 은사를 마음에 심었습니다.

> 스스로 속이지 말라 하나님은 만홀히 여김을 받지 아니하시나니 사람이 무엇으로 심든지 그대로 거두리라 _갈 6:7

호기를 놓치지 않다

늘 기도를 드리며 말씀을 붙들고 있었기에, 나는 언제가 될지는 몰라도 내 손을 통해 성령님의 신유 능력이 일어날 것을 확신했습니다. 그래서 그날이 오기까지 우리 가족들을 대상으로 착실히 인턴(?) 과정을 밟아 나갔습니다. 늘 어디 아픈 데는 없는지 눈을 이리저리 굴리곤 했습니다. 가족들이 아픈 것이 나에게는 호기(好機)였습니다.

그런 내가 우리 식구들의 눈에 얼마나 이상하게 보였겠습니까. 심지어 어딘가 몸이 안 좋더라도 내가 집에 돌아오면 다들 얼굴을 싹 바꾸고 건강한 척 했습니다. 그렇다고 포기할 내가 아니지요!

그 무렵 초등학교 저학년이던 제 딸아이가 글씨 쓰기 연습을 하느라 연필을 받치는 오른손 중지 손톱 아래 사마귀가 세 개나 났습니다. 군살이 올라오고, 사마귀 주변의 피부가 갈라졌는데도 딸아이는 아빠가 또 붙들고 안수기도를 하며 귀찮게 한다고 사마귀를 숨기려 했습니다. 그러다가 나에게 딱 들키고 말았습니다. 나도 내 눈에 띈 이상, 절대 그냥 넘어갈 수가 없었지요.

제 기억으로는 며칠에 걸쳐서 세 번쯤 기도했던 것 같습니다. 그러나 역시 아무 일도 일어나지 않았습니다. 그러다가 식사 시간에 문득 다시 사마귀 생각이 났습니다. 밥을 먹다 말고 내가 딸에게 말했습니다.

"기도하자! 또 기도하자."

딸아이는 싫은 내색을 하며 잔뜩 얼굴을 찌푸리고 자기 손가락을 내려다봤습니다. 그런데 이게 웬일입니까.

"어? 아빠, 사마귀가 없어졌어요!"

아이 손가락에 있던 사마귀 세 개가 흔적도 없이 사라지고 멀쩡한 새 살이 되어 있었던 것입니다. 세 번째 기도할 때까지만 해도 아무 변화가 없었는데, 네 번째 기도하자고 한 사이에 치유가 일어났습니다. 나도 내 딸도 모르는 사이에 말입니다.

"아빠, 진짜 없어졌어요."

딸이 신이 나서 말했습니다. 딸의 손가락을 보기 위해 모여든 아내와 아들도 깜짝 놀랐습니다. 그 순간 나 자신도 매우 놀라 얼마나 감격했는지 모릅니다.

'아, 하나님, 주셨군요! 감사합니다!'

절대 포기하지 않을 거야

솔직히 그전까지 아무리 기도해도 은사가 나타나지 않자 속상한 마음이 들 때도 있었습니다.

"왜? 왜 주시지 않죠? 왜 안 주세요?"

나중에 깨달았지만 우리 마음에 심은 말씀이 이 땅에 현실로 나타나기 위해서는 임신(姙娠) 기간을 거쳐야 합니다. 씨앗을 심어도 곧바로 열매를 얻을 수 있는 것은 아니지 않습니까?

> 또 가라사대 하나님의 나라는 사람이 씨를 땅에 뿌림과 같으니 저가 밤낮 자고 깨고 하는 중에 씨가 나서 자라되 그 어떻게 된 것을 알지 못하느니라 땅이 스스로 열매를 맺되 처음에는 싹이요 다음에는 이삭이요 그 다음에는 이삭에 충실한 곡식이라 열매가 익으면 곧 낫을 대나니 이는 추수 때가 이르렀음이니라 _막 4:26-29

속상한 마음에 하나님께 떼를 쓰기도 했습니다. 그럴 때마다 존 윔버(John Wimber) 목사님의 책을 읽고 많은 위로를 받았습니다.

존 윔버 목사님은 풀러신학교에서 피터 와그너(Peter Wagner) 목사님과 함께 치유 과목을 처음으로 가르치신 분입니다. 그 분의 책 《능력치유》에 보면, 하나님의 말씀대로 치유가 일어나기를 사모하며 성도들에게 기도해주는 장면이 나옵니다. 그러나 목사님이 한 번, 두 번 기도를 반복해도 아무 일도 일어나지 않았습니다.

어느 때는 감기 든 사람에게 손을 얹어 기도한 후 다른 사람들에게 안수기도를 했더니, 모든 사람들이 전부 감기에 걸리는 웃지 못할 일이 벌어지기도 했습니다. 치유가 아니라 병을 전염시키는 목사로 악명만 높아졌습니다. 거의 10개월 동안 아무 일도 일어나지 않자 많은 성도들이 교회를 떠났습니다. 정신 나간 목사라는 소리도 들었습니다.

그러던 어느 날, 한 형제로부터 전화가 걸려왔습니다. 자신의 아내가 아파서 직장을 못 나가고 있으니 집에 와서 기도를 해달라는 것이었습니다. 목사님은 그 자매의 집으로 가서, 이제 될 대로 되라는 자포자기하는 마음으로 기도해주었습니다. 그런데 그때 기적이 일어났습니다. 자매가 정말 치유된 것입니다. 그 후 존 윔버 목사님은 세계적인 성령 사역자가 되었습니다. 아마 이 대목을 스무 번은 읽었을 것입니다. 기도했지만 아무 일도 일어나지 않을 때 이 부분을 읽고 또 읽으며 위로를 받았습니다.

헌터 부부(Charles & Frances Hunter)의 이야기도 빼놓을 수가 없습니다. 평신도인 그들이 처음에 약 1천 명을 위해 기도했는데, 나은 사람은 고작 10명도 되지 않았다고 합니다. 그런데도 포기하지 않고 계속 기도한 결과, 지금 그들도 세계적인 성령 사역자로 귀하게 쓰임 받고 있습니다. 나는 이 두 가지 이야기를 읽고 힘을 얻었습니다.

'절대로 포기하지 않을 거야. 내 뜻이 하나님을 향한다면, 내 마음에 사심(私心)이 없다면, 하나님께서 왜 나를 사역자로 쓰시지 않겠어?'

그런 내게 마침내 하나님께서 딸의 사마귀를 통해 응답하셨습니다. 오, 하나님, 감사합니다!

> 오직 믿음으로 구하고 조금도 의심하지 말라 의심하는 자는 마치 바람에 밀려 요동하는 바다 물결 같으니 이런 사람은 무엇이든지 주께 얻기를 생각하지 말라 두 마음을 품어 모든 일에 정함이 없는 자로다_약 1:6-8

성령님의 연장통

기타 다른 은사를 구하는 과정도 크게 다를 바 없습니다. 고린도전서 12장 11,12절을 보면 모든 은사가 한 성령으로부터 나온다고 기록되어 있습니다. 은사는 한 성령님께서 그 뜻대로 나누어주시는 것입니다.

> 어떤 이에게는 성령으로 말미암아 지혜의 말씀을, 어떤 이에게는 같은 성령을 따라 지식의 말씀을, 다른 이에게는 같은 성령으로 믿음을, 어떤 이에게는 한 성령으로 병 고치는 은사를, 어떤 이에게는 능력 행함을, 어떤 이에게는 예언함을, 어떤 이에게는 영들 분별함을, 다른 이에게는 각종 방언 말함을, 어떤 이에게는 방언들 통역함을 주시나니 이 모든 일은 같은 한 성령이 행하사 그 뜻대로 각 사람에게 나눠 주시느니라 _고전 12:8-11

많은 사람들이 은사를 한 번 받으면 영원히 소유할 수 있는 자신의 능력쯤으로 생각하는데 그것은 매우 안타까운 일입니다. 성령님은 우리가 은사를 바라보는 것이 아니라 그 은사를 주시는 성령님을 바라보고 성령님의 손을 잡고 사역하기를 원하십니다.

성령님의 손을 잡고 사역한다는 것은 마치 내 안에 연장통이 있는 것과 마찬가지라고 생각합니다. 연장통 안에는 펜치도 있고, 드라이버도 있고, 망치도 있습니다. 연장통 하나면 기계에 무슨 고장이 나든지 필요한 연장을 꺼내서 고칠 수 있습니다.

어떤 사람을 치유하는데, 믿음의 은사만 있으면 되겠습니까? 사람에 따라서 영 분별의 은사가 필요할 수 있습니다. 마음의 병을 앓는 사람이라면 지금 겪고 있는 문제가 무엇인지 알 수 있는 지식의 말씀의 은사가 필요할 테고, 육신의 질병을 앓는 사람이라면 신유의 은사가 있어야 합니다.

그 모든 은사가 한 성령 안에 있습니다. 성령님께서 필요한 연장을 꼭 집어 우리 손에 쥐어주십니다. 물론 사람에 따라서 여러 은사 가운데 가장 많이 쓰게 되는 은사가 있을 것입니다. 하나님께 특별히 쓰임 받는 영역이 있다는 말입니다. 그러나 다른 은사들도 필요할 때 구하면 하나님께서 주시는 경우를 많이 보았습니다.

나 또한 주로 신유 사역자로 쓰임 받고 있지만, 내 앞에 기도를 부탁하고 서 있는 사람의 상황과 처지에 따라 성령님께서 제게 다른 은사들을 주셔서 사용하실 때가 많습니다. 성령님은 모든 은사를 가지고 계신 분이십니다.

성령님의 손을 잡고

성령님께서는 어떨 때 은사를 주실까요? 성령님께서 어떨 때 연장통을 열어 그 귀한 연장을 우리 손에 맡겨주실까요?

"크게 쓰임 받고 싶습니다. 주님! 저에게 이런저런 것들을 주십시오!"

혹시 이렇게 기도하고 있지는 않습니까?

성령님의 손을 잡고 인생길을 걸으며, 불쌍하고 긍휼한 영혼을 만났을 때, 나는 성령님께 이렇게 말씀드립니다.

"성령님! 저 사람, 그냥 두시면 안 돼요. 저 사람도 하나님의 자녀잖아요! 나하고 똑같은 자녀니까 고쳐주서야 해요. 주님의 사랑하는 자녀잖아요!"

하나님 아버지의 마음(긍휼과 사랑)으로 성령님 안에서 그 사람을 볼 때, 성령님은 그 사람에 대한 예수 그리스도의 마음을 말씀해주시고, 연장통을 열어 그 사람에게 꼭 필요한 연장을 내 손에 쥐어주십니다.

내가 생각하기에 사람들이 은사를 받지 못하는 이유는, 먼저 성령님께서 무언가 주시면 그 다음에 행동하겠다고 생각하기 때문인 것 같습니다.

"성령님, 나한테 아무것도 없는데 뭘 합니까? 먼저 주시옵소서."

그리고 은사를 받을 때까지 아무 일도 하지 않습니다. 그런데 그런 생각의 밑바닥에는 나는 나대로 하나의 인격체이고, 성령님은 또 다른 인격체로 따로 떨어져 있다는 의식이 있다고 생각합니다. 따로 떨어져 계신 성령님께서 모처럼 "옜다, 받아라!" 하고 은사를 주시면, 은사를 받아서 그것을 먼저 내 것으로 삼고, 그 다음 다른 사람들에게 나눠준다고 생각하는 것이지요.

그러나 우리는 은사를 자기 것으로 소유하는 사람이 아니라 은사의 통로일 뿐입니다. 성령님의 손을 잡고 성령님의 마음으로 잃어버린 영혼을 긍휼히 바라볼 때, 성령님께서 우리를 사용해주십니다. 성령님께서 자신이 사랑하는 잃은 양을 되찾으시기 위해 우리에게 못 주실 게 뭐가 있겠습니까. 나는 이 사실을 믿습니다.

만약 당신이 성령세례를 받았고, 어떤 일이나 사람에 대해 '거룩한 부담감'을 가지고 있다면, 감동(感動)대로 행동하십시오. 하나님께서 이미 당신 안에 필요한 은사를 주셨습니다. 그러나 믿음의 훈련을 통해 은사를 나타내는 것은 당신 몫입니다.

위대하신 하나님에 대한 믿음

성령 사역을 하면 할수록 더욱더 성령님을 의지하게 됩니다. 그도 그럴 것이 성령님이 주시는 은사가 아니면, 신유 사역자가 할 수 있는 일이 아무것도 없기 때문입니다. 하나님의 음성을 듣지 못하고 그분이 주시는 게 없다면 내가 할 수 있는 일은 아무것도 없습니다.

그 사실을 알면 알수록 마음이 답답했습니다. 딸아이의 손가락이 나은 후로 용기를 내어 아픈 사람들에게 안수기도를 해주었건만, 아무 일도 일어나지 않을 때가 더 많았습니다. 그럴 때는 안수기도를 부탁한 사람도, 나도 너무 난처했습니다. 내가 꼭 바보가 된 것 같았습니다. 어느 때는 상대의 얼굴에서 이런 생각을 읽기도 합니다.

"아무것도 못하는 주제에 이게 뭐예요? 당신이 어떻게 나를 치료해요? 신학교도 안 나와서 배운 것도 없고 의사도 아니고 능력도 없고, 뭐 아무것도 없으면서!"

우리는 많은 것을 가진 사람만이 다른 사람에게 나누어줄 수 있다고 생각합니다. 다른 사람을 치유하고 그에게 무언가를 베풀려면, 도움을 주는 사람이 받는 사람보다 지식이나 명예, 권력이 높아야 한다고 말입니다.

그러나 성경을 보면 그 반대입니다. 사도 바울과 같은 몇 사람을 빼면 사도들도 거의 무식한 범인(凡人)이었습니다. 그들은 여러 면에서 부족했지만 하나님께서 주신 능력으로 그들의 사역을 감당했습니다.

> 너희가 모든 은사에 부족함이 없이 우리 주 예수 그리스도의 나타나심을 기다림이라_고전 1:7

그러나 세상은 그게 아니라고 말합니다. 높은 지위, 명예, 권력과 재물이 있어야 다른 사람을 도울 수 있다고 말합니다.

당신이 성령님과 함께 움직이기 시작할 때, 한동안은 세상의 기준 때문에 바보가 된 듯한 기분이 들 것입니다. 비난을 무릅쓰고 어떤 행동을 했을 때, 실제로 능력이 나타나면 다행이지만 아무 일도 일어나지 않을 때도 있을 것입니다. 그때 비웃음을 받겠지요. 스스로 정죄하는 마음과 죄책감, 부끄러움도 말할 수 없이 많이 일어날 것입니다.

그러나 우리는 그 과정을 지나야 합니다. 그 과정을 지나면서 더욱더 자기 자신을 포기해야 합니다. 나를 포기할 때, 하나님께서 나타나시기 때문입니다. 그 일이 쉬운 일이 아니라는 것은 잘 압니다. 나 역시 그 과정을 지나왔기 때문입니다.

세상적 가치관, 관습과 태도를 버려야 합니다. 누가 뭐라 해도 당신의 모든 판단과 태도를 하나님나라의 법에 맞추어야 합니다. 또한 당신이 스스로 무의식적으로 제한하고 있는 모든 견고한 생각과 감정들을 버려야 합니다.

> 또한 모든 것을 해로 여김은 내 주 그리스도 예수를 아는 지식이 가장 고상함을 인함이라 내가 그를 위하여 모든 것을 잃어버리고 배설물로 여김은 그리스도를 얻고 그 안에서 발견되려 함이니
>
> _빌 3:8,9

나의 무능함에 대한 믿음보다 하나님의 위대하심에 대한 믿음이 더 클 때 비로소 하나님께서 당신을 통해 역사하시기 시작합니다. 하지만 당신을 통해 역사가 일어난다면 그것은 당신 때문입니까, 하나님 때문입니까? 하나님 때문입니다. 반대로 역사가 일어나지 않을 때도 그것이 하나님의 뜻입니다.

당신의 동기가 순수하고 당신이 올바른 믿음을 가지고 있다면 실패를 두려워하지 마십시오. 성령님의 손을 잡고 그분의 마음으로 잃어버린

영혼을 바라보고 은사를 구하십시오. 그 마음을 행동으로 옮기십시오.
우리는 단지 하나님의 영광의 통로로 쓰임 받을 뿐입니다.

믿음은 바라는 것들의 실상이요 보지 못하는 것들의 증거니_히 11:1

거룩한 부담감과
감사하는 마음
ThankYouHolySpirit

나는 내적치유로 성도들을 섬기며, 같은 교회의 교역자가 인도하던 치유집회에서도 안수기도 하며, 신유와 성령님의 인도함에 대한 훈련을 쌓아갔습니다. 그 뒤 신유 사역을 위해 1년 반 이상 기도한 끝에 어느 날 '이제는 하나님의 때가 되었다!' 라는 생각이 들었습니다. 나는 그것이 성령님이 주신 마음이라고 생각했습니다.

2003년 12월, 나는 온누리교회의 담임목사님이신 하용조 목사님께 이야기를 꺼냈습니다.

"목사님, 제가 기도해봤는데, 신유 사역을 했으면 좋겠습니다."

"네, 그러세요. 그동안 내적치유집회를 섬기시느라 고생 많으셨습니다."

목사님께서 한 번에 흔쾌히 허락하실 때 솔직히 나는 적잖이 놀랐습니다. 그런 사역을 하게 되면 말씀도 전하고 안수도 하게 될 텐데, 교회 안에서 그런 일들은 보통 목사님만 하실 수 있는 일로 생각합니다. 평신도로서 내가 그런 일을 하면, 다른 성도들이 교회의 질서를 어지럽힌다고 나쁘게 받아들일 수 있기 때문에, 나로서는 오랜 기도 끝에 어렵게 꺼낸 말이었기 때문입니다. 내 머릿속이 복잡한 걸 아셨는지 목사님께서 먼저 이렇게 약속해주셨습니다.

"다른 사람들로부터 말도 들을 수 있습니다. 얼마나 어려운 일인지도 압니다. 제가 모든 책임을 지고 후원해드릴 테니, 걱정하지 마세요."

얼마나 감사했는지요. 목사님은 곧 부목사님과 장로님들께 나를 월요 치유집회 사역자로 세우시겠다고 선포하셨습니다. 그리고 치유집회를 시작할 수 있도록 지원해주셨습니다. 이제 정말 내가 신유 사역을 시작하게 된 것입니다.

거룩한 부담감

2004년은 내 인생에서 가장 힘들었지만 감격스러웠던 시기였습니다. 일주일에 한 번씩 월요일마다 치유집회를 열고 설교를 한다는 것은 정말 쉬운 일이 아니더군요. 신학을 공부한 것도 아니라 기도하고 말씀을 준비하는 데 시간이 많이 필요했습니다. 학교에서 수업하고 대학원생들을 지도하고 연구실에서 실험하다가 집에 돌아와서 말씀을 읽고 기도하려니 하루 24시간이 너무 짧았습니다. 잠을 최대한 줄이는 수밖에 없었습니다.

무엇보다 가장 어렵고 두려웠던 것은, 이제 월요치유집회에서 성령님의 능력을 나타내야 한다는 사실이었습니다. 말씀만 전해도 된다면, 어떻게 주석서 몇 개 참고하여 종이에 끼적끼적 적어갈 수도 있는 노릇이지만, 말씀을 전하고 나서 그 말씀이 진짜 이루어지는지 아닌지를 성도들에게 보여주는 그 일은 기도 없이 그냥 가서 할 수 있는 일이 결코 아니었습니다.

나는 매일의 삶이 정결해야 한다는 거룩한 부담감을 품게 되었습니다. 왜냐하면 삶 그 자체가 치유 사역에 그대로 나타난다고 여겼기 때문입니다. 하고 싶은 대로 하고 살다가 집회에 가면, 말로는 성도들을 속일 수 있을지 모릅니다. 하지만 성령님의 능력이 나타나지 않는 것은 어찌할 도리가 없지 않습니까. 내 안에는 늘 그 부담감이 있었습니다.

그러다보니 늘 절제하고 불필요한 생각을 하지 않는 통제된 생활을 하게 되었습니다. 가족들도 나와 함께 짐을 나눠 졌습니다. 함께 놀러 가고 싶을 때도 참아주었습니다. 우선 시간이 확보되어야 기도도 하고 매일의 삶을 돌아볼 수 있기 때문에 어쩔 수 없었습니다. 그래서 가족들에게는 언제나 미안하고 고마울 따름입니다.

가장 놀란 사람

두렵고 떨리는 마음으로 월요치유집회를 시작했습니다. 맨 처음 집회에 약 150명 정도가 모였습니다. 딱 그 정도 수용할 수 있는 방에서 시작했는데, 사람들이 점점 더 모이기 시작했습니다. 곧 방이 가득 차고 사람들이 복도에 앉아 말씀을 듣게 되자 8월부터는 교회 지하에 있는 커다란 비전홀로 집회 장소를 옮겼습니다(현재는 선한목자교회에서 모임).

그때는 나도, 집회에 온 성도들도 모두 배우는 사람들이었습니다. 우리는 모두 고린도후서 13장 5절 말씀처럼 자신에게 믿음이 있는가를 시험하는 시험대 위에 올라서 있었습니다.

> 너희가 믿음에 있는가 너희 자신을 시험하고 너희 자신을 확증하라 예수 그리스도께서 너희 안에 계신 줄을 너희가 스스로 알지 못하느냐 그렇지 않으면 너희가 버리운 자니라 _고후 13:5

나는 신유 사역자로, 성도들은 병 고침을 받고자 하는 사람들로서, 하나님을 향한 믿음이 있는지 스스로를 시험하게 되었습니다.

그때까지 내적치유 사역을 비롯해서 가족이나 주변 사람들을 치료해 본 경험밖에 없었던 나는 매일 기도하며 오직 주께 매달릴 수밖에 없었습니다.

"주님, 주님이 능력 주시지 않으면 저 죽습니다. 저를 부끄럽지 않게 해주세요. 신유 사역자로 주께서 부르셨잖아요. 아무 일도 일어나지 않으면 저만 망신당하는 거 아니에요. 주님도 망신당하는 거예요."

매주 집회가 믿음의 시험장이었으며, 실험의 연속이었습니다. 그런데 집회를 준비하면서 믿음으로 취한 말씀을 선포하며 안수기도 했을 때, 하나님께서는 나를 실망시키지 않으셨습니다. 정말로 마음과 육체의 질병이 치유되는 기적이 일어나기 시작했습니다.

> 나의 간절한 기대와 소망을 따라 아무 일에든지 부끄럽지 아니하고 오직 전과 같이 이제도 온전히 담대하여 살든지 죽든지 내 몸에서 그리스도가 존귀히 되게 하려 하나니_빌 1:20

그런데 그때마다 가장 충격을 받고 가장 감동을 받는 사람은 다름 아닌 바로 나였습니다. 모르는 사람들은 마치 내가 대단한 사람이라서 그런 일을 아무렇지도 않게 척척 하는 줄 알았겠지만, 정말 나는 아무것도 아닌 사람이었습니다. 집회마다 얼마나 두렵고 떨리는 마음으로 오직 성령님만 붙들었는지 모릅니다.

두 번째 충격

하나님이 나를 쓰신다는 것은 내게 정말 감사하고 충격적인 일이었습니다. 그런데 내가 받은 충격은 그것이 전부가 아니었습니다. 병 고침을 받은 사람들을 보고 나는 더 깜짝 놀랐습니다.

어쩌면 그렇게 하나님께 감사드리지 않는지, 떨 듯이 기뻐하며 예수님께 감사하는 사람은 가뭄에 콩 나듯이 정말 얼마 되지 않았습니다. 하나님께서 이 얼마나 놀라운 일을 행하셨는데, 어떻게 그 기쁨과 감사를 기껏해야 그 정도밖에 표현하지 않는 건지 나는 너무 놀랍고 안타까웠습니다.

'당신은 단지 치유만 받은 게 아니에요. 살아 계신 하나님이 방금 당신에게 직접 찾아오신 거예요. 당신과 이야기하고 당신과 같이 살고 싶으셔서 그 징표로 병을 낫게 해주신 거예요. 그런데 어떻게 그렇게 무덤덤한 얼굴이에요?'

감사에 인색한 사람들을 보면 '하나님께서 저 사람을 진짜 치유하신 게 맞을까?' 하는 생각마저 들었습니다. 나 같으면 하나님이 찾아오셨다는 것만으로 펄쩍 뛸 판인데, 그분이 치유까지 해주셨는데 "하나님이 치유하신 것 같아요"라고 무덤덤하게 말하고 별 반응이 없는 것입니다.

그 태도를 보고 나는 너무 큰 충격을 받았습니다. 나는 지금도 집회에 오는 사람들이 정말 감사하는 법을 배웠으면 좋겠다고 생각합니다. 나에게 감사하라는 말이 아닙니다. 어떤 분들은 나에게 정말 감사하다고 말하지만 그것은 큰일 날 소리입니다. 나는 그런 분들에게 내가 아니라 꼭 예수님께 감사하도록 시킵니다. 신유 은사를 주시고 그 역사를 이루어가시는 분은 내가 아니라 하나님이시기 때문입니다.

우리 모두 진정으로 하나님께 감사하는 법을 배웠으면 좋겠습니다.

그때에 여호와를 경외하는 자들이 피차에 말하매 여호와께서 그것을 분명히 들으시고 여호와를 경외하는 자와 그 이름을 존중히 생각하는 자를 위하여 여호와 앞에 있는 기념 책에 기록하셨느니라 _말 3:16

증거해야 할 이유

2004년도에 백혈병에 걸린 한 초등학생 여자아이가 엄마와 함께 월요치유집회에 온 적이 있습니다. 골수이식을 세 번이나 받았는데도 병세가 호전되지 않자 병원에서도 그만 포기하라고 했다고 합니다. 의사도 포기한 그 아이에게 내가 할 수 있는 일이라고는 눈물을 흘리며 기도하는 것밖에 없었습니다. 나는 속으로 성령님께 간절히 울부짖었습니다.

"주님! 이 아이, 당신의 딸이 아닙니까! 도와주세요."

그러나 아무 일도 일어나지 않았습니다. 그 후로 3주나 아이의 엄마가 딸을 데려오기에, 올 때마다 기도해주었습니다. 그러나 그 사이에 아이는 치유되지 않았고, 그 모녀도 더는 집회에 오지 않았습니다.

그로부터 거의 3년이 지나서, 내가 양재 온누리교회 예수제자학교(JDS)에 갔을 때, 어떤 여성분이 다가와 말을 걸었습니다.

"장로님, 제가 빚을 갚아야겠어요."

무슨 소리인지 영문을 몰라 눈을 크게 떴더니, 3년 전에 백혈병에 걸려 찾아왔던 여자아이와 그 엄마를 기억하느냐고 묻는 것이었습니다. 내가 깜짝 놀라며 기억한다고 했더니, 그 아이의 엄마가 자신의 올케라며 이야기를 전해주었습니다.

이야기인즉, 조카가 백혈병을 앓아 시누이인 본인이 올케에게 월요치유집회를 소개했다는 것입니다. 집회에 나와 3번 기도를 받았고, 마지막으로 집회에 다녀간 지 얼마 후 병원에 가보았더니, 의사가 "이건 기적이다!"라고 하며 아이의 병이 말끔히 나았다고 했다는 것입니다.

그런데 곧 사소한 일로 시누이와 올케 사이가 틀어져버렸고, 사이가 서먹해지자 자신이 올케에게 "집회에 가서 병이 나았다고 간증하라"는 이야기를 할 수 없었다는 것이지요. 두 사람 사이는 아직까지 회복되지 않았다고 합니다. 그런 상황에서 나를 만나자 이 이야기를 전하지 않을 수 없었다는 것입니다.

"장로님, 정말 죄송해요. 꼭 간증하고 싶었는데…. 이제야 좀 속이 후련하네요."

이처럼 집회에서 기도를 받은 사람이, 한참 지나서 치유 소식을 알려 오는 경우들이 종종 있습니다. 집회 현장에서 몸이 나은 느낌을 받았지만, 그 자리에서 믿음으로 고백하기를 주저하는 것입니다. '혹시 치유 안 되었으면 어떻게 하지' 하는 두려움 때문에 그 자리에서 믿음으로 병에서 해방되지 못하는 것입니다.

어떤 때는 지식의 말씀의 은사로 공개적으로 선포기도 한 후 "치유된 사람은 일어서보라"고 할 때 몇 명 일어서지 않는 경우가 있습니다. 회중석 어디쯤에 앉은 사람이 나왔다는 강한 확신이 들어서, 그 자리를 지적하며 일어서라고 하는데도 일어서지 않는 것입니다. 초창기에는 그런 일을 겪으면서 부끄럽고 난처하여 얼굴이 빨개지기도 했습니다. 그런데 그러고 나면 꼭 나중에 집회가 끝날 즈음 어떤 사람이 살그머니 나를 찾아옵니다.

"사실은 아까 치유된 사람이 바로 저예요."

솔직히 인간적으로는 그런 사람들이 좀 얄밉습니다. 그 자리에서 치유받았다고 간증했다면, 그 병을 고쳐주신 성령님도 영광을 받으시고 본인도 자신의 믿음을 확증하게 되었을 텐데 하는 아쉬움이 들기 때문입니다. 또 그 사람과 동일한 질병을 가진 사람들에게도 도움을 줄 수 있었을 텐데 말입니다.

2005년에 미국에서 안식년을 보낼 때 세계적인 성령 사역자인 빌 존슨(Bill Johnson) 목사님의 강의를 들은 적이 있는데, 그때 감명 깊게 배운 것이 있습니다. 치유받은 사람의 간증을 듣고 동일한 질병을 가진 다른 사람들이 치유될 수 있다는 사실입니다. 요한계시록 19장 10절에 보면, "예수의 증거는 대언의 영이라"라는 말씀이 있습니다. 즉, 예수님이 행하신 일을 증거하는 것은 동일한 일이 다른 사람에게 일어나도록 예언하는 것과 같다는 뜻입니다.

실제로 월요치유집회 때 한 사람의 치유 증거로 동일한 질병을 가진 20명이 동시에 치유되는 것을 목격한 일도 있습니다. 할렐루야!

사랑을 따라
행하는 은사들
ThankYouHolySpirit

나는 눈이 휘둥그레졌습니다. 믿을 수가 없어서 눈을 꼭 감았다가 다시 떴습니다. 손으로 눈을 비벼보기도 했습니다. 그러나 역시 마찬가지였습니다. 어떤 자매의 얼굴에서 마치 글씨가 보이는 것 같았습니다.

그날, 나는 예언 사역자로 유명한 어느 목사님이 방한(訪韓)하여 인도하는 집회에 참석하고 있었습니다. 그런데 실습을 위해 나와 한 조가 된 자매의 얼굴에 자꾸 글씨가 나타나는 것을 본 것입니다. 더욱이 그 단어는 '낙태'라는 단어였으니 제가 얼마나 당황스러웠겠습니까? 내가 땀을 뻘뻘 흘리고 있는데, 성령님께서 말씀하셨습니다.

"지금 네 마음의 눈에 보이는 것을 그 자매에게 이야기하라."

"네? 뭐라고요? 어떻게 그런 이야기를 해요? 전혀 모르는 사람한테, 혹시 낙태한 적이 있느냐고 물어보라니 그런 이야기를 하는 건 정말 실

례잖아요. 그리고 만약 아니라면 뺨을 맞거나 창피를 당할 수도 있잖아요. 저, 못해요."

그런데도 성령님은 자꾸만 하라고 옆구리를 찌르셨습니다. 그리고 그 자매에 대해 가지고 계신 하나님의 생각을 내 마음에 부어주셨습니다. 하는 수 없이 잠시 쉬는 시간에 그 자매에게 잠깐 이야기를 나누자고 청했습니다. 그리고 우선 사람들과 따로 떨어진 곳으로 갔습니다. 본론을 꺼내기가 너무 어려워서 서론이 참 길었습니다.

"제가 실수하는 것일 수도 있으니, 말을 잘못 하더라도 용서해주세요. 성령님께서 전하라고 말씀하셨는데, 제가 성령 사역을 시작한 지가 얼마 안 됩니다. 초보라서 틀릴 수도 있으니 이해해주시고, 혹시 마음 상하시는 일은 절대 없었으면 좋겠어요. 이런 말씀 드리는 걸 정말 용서해주세요."

참하게 생긴 그 자매는 알겠다며 얼른 말해보라고 했습니다.

"성령님께서 저에게 말씀해주시기를, 자매님이 낙태한 것에 대해 더 이상 죄책감을 갖지 말라고 하세요."

그 말이 떨어지자마자 자매의 눈에 엄청난 눈물이 흐르기 시작했습니다. 정말 그런 일이 있었던 것입니다. 전도사인 그녀는 아무한테도 그 일을 말하지 못하고 몹시 힘들어 했는데, 성령님의 말씀 한마디로 죄책감에서 벗어나 자유를 얻어 그 감격으로 눈물을 흘린 것입니다. 처음에는 실수할까봐 안절부절못하던 나도 그녀를 오랫동안 묶고 있었던 슬픔과 죄책감이 풀리는 것을 함께 느끼며 속으로 기쁨의 울음을 울었습니다.

지식의 말씀

성령님은 우리에게 미래에 대해 말씀해주기도 하시지만, 과거와 현재에 대해서도 말씀해주십니다. 성령님으로부터 미래에 대한 말씀을 듣고 다른 사람에게 전하는 은사가 '예언'이라면, 주로 다른 사람의 과거와 현재의 상황을 알게 되는 것이 '지식의 말씀의 은사'입니다.

그런데 사람들은 지식의 말씀의 은사를, 마치 투시력을 가지고 어떤 사람 안에 무엇이 들어 있는지 다 볼 수 있는 능력으로 착각합니다. 그러나 지식의 말씀의 은사를 가졌다고 투시력을 갖게 되는 것은 절대 아닙니다. 단지, 성령님께서 어느 순간에 어떤 사람의 상황이나 그 사람에 대해 가지고 계시는 생각을 내게 들려주시는 것뿐입니다.

이 은사는 치유 사역에 꼭 필요한 은사입니다. 어떤 사람을 위해 기도할 때, 이 은사가 임하면 그 사람의 문제를 정확히 알게 되고 그를 도울 수 있습니다. 성경의 예를 들면, 예수님은 수가성 사마리아 여인의 과거와 현재의 삶을 정확히 알고 계셨습니다. 그래서 그 문제를 사마리아 여인에게 말씀하셨을 때, 여인은 놀라고 감동하여 곧장 하나님께로 돌아왔습니다. 과거의 상처와 현재의 상황까지 모두 아시는 하나님의 사랑과 능력을 보고 믿음을 갖게 된 것입니다.

그런데 성령님께서 이 은사를 주시면, 자기도 모르는 사이에 하나님이 허락하신 것보다 더 많은 것을 알고자 하는 잘못을 범하기 쉽습니다. 그 사람에 대한 사랑과 긍휼이 넘친 나머지, 그의 과거와 현재의 문제를 더 많이 알기 원하는 것입니다. 그러나 이것은 어디까지나 욕심입니다. 은사는 오직 하나님께서 주시는 만큼만 쓸 수 있습니다.

따라서 이런 은사가 주어지면, 항상 초심(初心)을 잃지 말아야 합니다. 주시는 만큼만 사용하고, 다른 사람을 위로하며 세우는 데만 쓰겠다는 마음을 잃지 말아야 합니다.

자매를 통해 지식의 말씀의 은사에 물꼬가 트인 나는, 그 후로 성령님이 또 어느 누구의 이마에 글씨를 써주시는 건 아닌가 하여, 한 동안 내적치유집회나 다른 치유 사역을 할 때 사람들의 이마만 쳐다보았습니다. 그런데 성령님은 아무 글씨도 보여주지 않으셨습니다.

내 몸을 통해 들리는 말씀

그 후 몇 년 동안 집회가 시작되기 전에 갑자기 내 몸이 아파오는 경우가 종종 있었습니다. 그때마다 나는 '마귀가 집회를 방해하려 하는구나'라고 생각했고, 그 즉시 마음속으로 '더러운 마귀야, 네가 나를 공격하는구나. 예수님의 이름으로 명하노니, 떠나가라!'고 기도하곤 했습니다. 그런데도 통증이 지속되다가 집회가 끝나면 자연스럽게 사라지곤 했습니다.

그 후 2005년에 미국에서 안식년을 지낼 때, 랜디 클락(Randy Clark) 목사님이 인도하시는 치유학교에 참석한 적이 있는데, 그때 나는 깜짝 놀랐습니다. 그 분은 지식의 말씀의 은사에 대해 설명하시며, 하나님께서 그 은사를 사용하시기 위해 우리의 영과 혼과 육을 전부 사용하신다고 말씀하셨기 때문입니다. 집회가 시작되기 전에 안 아프던 곳이 아픈 것도 바로 하나님이 주시는 지식의 말씀의 은사일 경우가 많다고 했습니다.

그 분은 이 사실을 존 윔버 목사님으로부터 배웠으며, 그 후 집회가 시작되기 전에 반드시 자신의 몸을 점검한다고 했습니다. 집회 전에는 아프지 않던 곳이 집회 도중에 갑자기 아프면, 집회에 참석한 분들 가운데 반드시 그런 질병으로 고통당하는 사람이 있으며, 하나님께서 그 사람을 치유하기를 원하신다는 것입니다.

그리고 바로 실습을 해보았는데, 정말 그런 일들이 일어났습니다. 그 때 나는 땅을 치며 후회했습니다.

'주님! 무식한 저를 용서해주십시오.'

지금은 나도 집회 전에 항상 내 몸을 점검합니다.

> 새 사람을 입었으니 이는 자기를 창조하신 자의 형상을 좇아 지식에까지 새롭게 하심을 받는 자니라_골 3:10

> 또한 너희 지체를 불의의 병기로 죄에게 드리지 말고 오직 너희 자신을 죽은 자 가운데서 다시 산 자같이 하나님께 드리며 너희 지체를 의의 병기로 하나님께 드리라_롬 6:13

생각해보니, 이런 은사는 치유 사역자 캐더린 쿨만(Kathryn Kuhlman)이 자주 쓰는 은사였습니다. 집회 도중에 어떤 질병의 이름을 말하거나 신체 부위를 말하면서, 그곳이 아픈 사람들에게 기도하거나 안수해주는 것입니다. 성령님께서 그들에게 아픈 사람들에 대한 지식의 은사를 주시는 것입니다.

그 후 주님이 허락하신 이 은사를 통해 나는 사람들의 아픈 곳을 함께 느꼈고, 많은 사람들을 치료했습니다. 이제는 성령님께서 내 몸을 사용하여 말씀하신다는 것을 확실히 알고 있습니다. 성령님은 내 신체의 각 부분으로, 환상으로, 내면에서 솟아 올라오는 내적인 언어로, 마음에 느껴지는 감동으로 아주 다양한 경로로 말씀하십니다. 당신이 몸의 모든 부분을 성령님께서 사용하시도록 내어드릴 때, 당신도 이런 성령님의 능력을 체험할 수 있을 것입니다.

한 사람, 한 사람을 향한 사랑

어느 월요치유집회에서 성령님은 천식 환자들을 안타까워하시며 고치고 싶어 하시는 마음을 부어주셨습니다. 나는 성도들을 향해 그대로 말씀을 전했습니다.

"천식 환자 분들은 앞으로 나와주십시오. 성령님께서 오늘 이 시간에 고치기를 원하십니다."

그랬더니 많은 사람들이 우르르 몰려나왔습니다. 그런데 그 수가 너무 많았고, 그들이 모두 천식 환자는 아닌 것 같았습니다. 나는 다정한 어투로 말했습니다.

"정말 모든 분이 천식 맞습니까? 성령님은 감기 환자를 말씀하지 않으셨습니다. 감기에 걸리셨다면 들어가세요."

그랬더니 몇 사람들이 부끄러운 표정을 지으면서 자리로 들어갔습니다. 물론 다 기도해드리면 좋겠지만, 성령님께서 분명히 천식이라고 말씀하셨기 때문에, 나는 그분의 뜻을 존중해드리길 원했습니다.

성령님께서 어떤 질병을 치료하기를 원하신다는 말씀을 주실 때, 그분은 어떤 특정한 사람들을 염두에 두고 말씀하시는 것입니다. 어떤 때는 아주 구체적으로 회중석 어느 자리에 앉은 분이 어디가 아프다는 마음의 음성을 내게 들려주시기도 합니다. 그래서 내가 어느 부위가 아픈 분은 앞으로 나오라고 할 때, 성령님은 마음에 두신 그 사람들의 마음에도 친히 음성을 들려주십니다.

"바로 너야!"

그래서 어떤 사람들이 나의 말이 떨어지자마자 벌떡 일어서면서 "저예요!"라고 말하는 것입니다.

성령님은 오늘 성령님께서 나를 치유하시리라는 간절한 믿음을 가지고 있는 사람들을 정확히 짚어내십니다. 그 한 사람, 한 사람의 상황과 믿음을 아시는 성령님께서 친히 그들을 고치기를 간절히 원하고 계시는 것입니다.

심지어 집회가 시작되기 전 빈 좌석을 돌아다니며 기도할 때도 하나님은 내게 말씀하십니다. 이 자리에 어떤 질병의 자매 혹은 형제가 앉을 것이라고 말입니다. 한번은 집회 전에 아직 비어 있는 좌석 주변을 돌고 있는데, 내가 어떤 좌석 앞에 갔을 때 성령님께서 "이곳에 중국 형제가 앉을 것"이라고 말씀하셨습니다. 집회 중간에 확인해보았더니 정확히 그 자리에 중국 조선족 형제가 앉아 있었습니다.

어느 날에는 집회 도중 성령님께서 어떤 자매에 대한 이야기를 내게 들려주셨습니다. 그분의 말씀을 듣고 나는 이러저러한 데가 아픈 자매가 있느냐고 물었습니다. 그런데 아무도 나타나지 않았습니다.

'틀림없이 누가 있는데…'

성령님께서 자세하고 확실하게 알려주셨기 때문에, 나는 정말 이상한 일이라고 생각했습니다. 그래도 집회는 계속되었습니다. 그러다가 쉬는 시간에 한 자매가 헐레벌떡 앞으로 나와 내게 말했습니다.

"장로님, 아까 말씀하신 사람이 바로 저예요!"

"네? 그럼 왜 그때는 가만히 계셨어요?"

"제가 지각해서 그때는 그 자리에 없었어요."

이야기인즉, 집회에 늦어 뒷자리에 앉아 있었는데, 옆 자리에 앉은 사람이 한 시간 전에 들은 자매에 대한 이야기를 해주더랍니다. 그래서 듣다보니, 그것은 분명히 자신에 대한 이야기였다는 것입니다. 성령님께서는 그녀가 집회에 오기도 전에, 이미 그녀를 치료하기 위해 기다리고 계셨던 것입니다. 그와 비슷한 일들이 집회에서 많이 일어나고 있습니다.

병을 조기 진단하는 능력

2006년 수원교회에 가서 집회했을 때 일입니다. 약 50세에서 60세 사이로 보이는 분이 기도를 받으려고 내 앞으로 나오는데, 성령님께서 말씀해주셨습니다.

"저 사람, 폐에 문제가 있다."

그 분이 내 앞에 왔을 때 살짝 물었습니다.

"폐에 문제가 있으시죠?"

그랬더니 고개를 절레절레 흔들며 아니라는 것입니다.

"아니에요. 난 지금 머리가 아파서 기도 받으러 나온 건데요."

'내가 들은 성령님의 음성은 그게 아닌데, 아님 말고.'

나는 더 이상 왈가왈부하지 않고, 그 분의 머리 위에 손을 얹고 두통이 낫도록 기도해주었습니다. 그런데 이 분이 그때부터 걱정이 되기 시작했다고 합니다. 혹시 진짜 폐에 문제가 있는 건 아닌지 궁금해서 병원을 찾아갔는데 아니나 다를까 엑스레이를 찍어봤더니, 폐가 온통 시커멓더라는 것입니다. 그 다음 주에 당장 월요치유집회로 나를 찾아와 나를 보자마자 달려와서 말했습니다.

"저 수원교회에 다니는 성도인데, 기억하세요? 저번에 머리가 아파서 기도해달라고 나갔는데, 장로님이 폐에 문제가 있다고 하셨잖아요? 나 살려내요!"

그때 우리 자신도 모르는 병까지 이미 다 알고 계시는 성령님께 감사했을 뿐만 아니라 나를 살려내라고 달려 나온 그 사람의 믿음을 보고 나는 깜짝 놀랐습니다. 만일 그 사람이 사역자를 신뢰하지 못했다면, '뭐야, 저 사람은 아프지도 않은 데를 아프다고 하고. 돌팔이 아냐?' 라고 그 일을 대수롭지 않게 그냥 넘겨버렸을 것입니다. 그런데 실제로 병원에 가보고 당장 저를 찾아온 그 믿음이 크다고 느꼈습니다. 그 분은 안수기도를 받고 돌아가서 다른 연락이 없으셨지만, 그 믿음을 보시는 성령님께서 치유해주셨으리라고 믿습니다.

영 분별의 은사

나와 함께 월요치유집회를 섬기는 팀원들이 가장 궁금해 하고 놀라는 점이 있습니다. 어떤 사람에게는 치유(治癒)를 위해 기도하고, 동일한 병을 가진 어떤 사람에게는 왜 축사(逐邪)를 하느냐는 것입니다.

영 분별에 대한 은사를 위해 오랫동안 기도해오면서, 언제부터인가 내게 이 은사 또한 임하게 되었습니다. 구체적으로 설명하기는 어렵지만, 성령님께서 나에게 어떤 사람이 귀신이 들렸다는 마음을 주십니다. 귀신이 들린 사람의 눈을 보면 정신질환으로 흐려진 눈빛과는 다른, 나를 깔보거나 두려워하는 악한 영의 눈빛을 느낍니다. 언제부터인가 그리스도의 향기도 맡지만, 악한 영의 냄새도 맡을 수 있게 되었습니다. 어떤 사람 앞에 섰을 때 순간적이지만 형언하기 어려운 묘한 냄새를 맡게 된 것입니다.

축사를 하면, 조금 전까지만 해도 멀쩡해 보이던 사람의 검은 눈동자가 획 돌아가서 흰 눈동자만 보이거나, 사역자에게 달려들거나, 난동을 부리거나, 괴성을 지르기 시작합니다. 대부분의 경우 귀신에게 묶인 사람은 성령님의 빛이 임하는 것을 보지 않으려고 검은 눈동자를 감춰버립니다. 어떤 사람들은 괴상한 목소리로 "나 안 나갈래!" 하며 소리를 지르기도 합니다. 그 사람 안에 있는 귀신이 말하는 것입니다. 귀신에 의해 육체적인 질병뿐만 아니라 마음의 질병이 생긴 경우, 귀신이 떠나가면 그 병이 곧바로 치유되는 것을 흔히 볼 수 있습니다.

영 분별의 은사가 임하게 되면, 다른 사람들을 더 효과적으로 도울 수 있습니다. 이 은사 없이 치유의 은사로만 사람을 치유하려고 해도 소용이 없는 경우가 있었습니다. 그리고 배후에 악한 영이 있다는 것을 짐작해도, 그 사람을 붙잡고 있는 것이 두려움의 영인지, 거짓의 영인지, 슬픔의 영인지, 억울함의 영인지 정확히 알 수가 없었습니다.

그러나 성령님께서 이 사람이 어떤 영에게 붙들려 있는지를 알려주시면, 내가 하는 기도에 엄청난 힘이 생깁니다. 악한 영의 이름을 정확하게 불러 성령님의 빛 아래 세우고 그 영이 그 사람에게서 떠나가게 하는 것입니다.

예를 들면 어떤 사람이 우울의 영에게 붙들려 있을 때는 아무리 "예수의 이름으로 슬픔의 영 나와!" 하고 말해도 나오지 않습니다. 그런데 성령님께서 그것이 우울의 영임을 알려주시면 "예수의 이름으로 우울의 영 나와!" 하고 선포했을 때, 그 악한 영이 바로 튀어나가게 됩니다. 그만큼 치유 사역에서 영분별의 은사는 매우 중요합니다.

긴밀하고도 강력한 하나님의 역사 앞에서 많은 분들이 치유하시는 하나님께 영광을 돌려드렸습니다.

아주 특별한 위임식

ThankYouHolySpirit

2003년 연말에 나는 피택되었고 이듬해에 피택장로로 사역했습니다. 그런 의미에서 2004년은 내게 무척 힘든 시기인 동시에 인간적으로 최고의 해였습니다. 집사와 피택장로의 차이는 엄청났습니다. 집사가 아니라 피택장로가 집회를 인도한다고 하니 사람들이 좀 더 신뢰감을 갖는 것 같았습니다. 사역은 급속도로 확장되었습니다. 개인적으로도 교회의 권위 아래 사역하며 성도들에게 편안함과 신뢰감을 줄 수 있는 직분을 받게 되어 무척 기뻤습니다.

예전에 내적치유집회를 섬길 때에도 물론 부흥할 때가 있었고 고생스러웠던 시기도 있었습니다. 기름부으심을 받고 성도들을 치유하는 데 도움이 되고 싶었지만, 어느 때는 집회에 나온 성도들의 수가 팀원들의 수보다 더 적기도 했습니다. 10명 남짓한 사람들이 나와서 20명이나 되는 팀원들 가운데 예배를 드릴 때도 있었습니다. 그때도 최선을 다해 기쁨으로 성도들을 섬겼습니다.

그런데 이제 내가 인도하는 집회에 300명이 나오는 것입니다. 예전에는 이상한 사람이라고 손가락질하던 사람들도 이제 제가 인도하는 이 치유 사역을 인정해주었습니다.

"저 분이 치유 사역 하시는 장로님이야!"

수많은 사람들이 내게 기도를 받으러 모여들고 줄을 서기 시작했습니다. 인간적으로 기쁨을 누리고 있었지만, 어느 틈에 내 마음에 두렵고 불안한 생각이 들기 시작했습니다. 매일 기도하며 거룩한 삶을 살기 위해서는 많은 것들을 포기해야 했습니다. 그중 학계에서 해야 하는 활동이나 학교 연구를 줄일 수밖에 없는 일이 가장 힘들었습니다. 연구하다가 곧 기도하고, 강의하다가 곧 집회를 하는 식으로 지적인 일과 영적인 일을 금세 바꾸는 일이 쉽지 않았습니다. 그러다 보니 늘 이런 생각이 들었습니다.

'언제까지 이 사역을 해야 하는가? 이것이 정말 하나님이 나에게 주신 사역이 맞는가? 만약 그렇지 않다면 하나님으로부터도 버림받고, 학계에서도 낙오자가 되는 것은 아닐까?'

내가 정말 부름 받지 않고 사역하다가 교만해지면 성령님께서 기름부으심을 거두어가실지 모른다는 두려움도 들기 시작했습니다.

교만은 패망의 선봉이요 거만한 마음은 넘어짐의 앞잡이니라_잠 16:18

솔직하게 말해서, 나는 지금도 교만해질까봐 매일 두려워하고, 두려워하는 그 일이 일어나지 않도록 성령님 앞에 나를 쳐서 복종시키고 있습니다. 교만해져서 성령님께서 기름부으심을 거두어가시는 일이 내 인생에 닥칠 수 있는 어떤 고난보다 더 두렵습니다. 주께 쓰임 받지 못하는 인생은 빈 깡통과 같기 때문입니다.

그때 나의 불안감과 두려움을 해결하기 위해 내린 결론이 이것이었습니다.

'매 맞고 버림받기 전에 먼저 확실히 짚고 넘어가자!'

그래서 급기야 사역을 내려놓고 안식년을 얻어 하나님께 확답을 얻기로 결정했습니다. 사역보다 하나님이 더 중요했기 때문에 피택장로가 아닌 장로로 멋지게 사역할 수 있는 2005년의 기회도 미련 없이 포기했습니다. 안식년 기간 동안 나와 내 아내 모두 하나님의 길을 알고 남은 인생을 새롭게 세우기로 결정한 것입니다.

정말 하나님의 신유 사역자 맞습니까?

나는 가족과 함께 미국 조지아 주의 아덴스로 날아갔습니다. 아덴스는 젊은 시절 유학했던 곳이며, 처음 예수님을 영접한 곳으로 내게는 영혼의 고향과도 같은 곳이었습니다. 그곳에서 안식년을 보내며, 다음 문제들에 대한 주님의 응답을 듣고 싶었습니다.

우선, 내가 주님이 정하신 신유 사역자가 맞는지 알고 싶었습니다. 신유 사역을 시작할 때, 하나님의 때가 되었다는 성령님의 음성을 들었다고 생각했습니다. 예언의 은사가 있는 다른 분들 역시 나에 대해 "하나님께서 당신을, 말씀을 가르치는 자와 신유 사역자로 세우셨습니다"라고 말해주었습니다. 그리고 실제로 내 안수기도를 받고 많은 사람들의 병이 나았습니다. 그러나 나는 하나님께 뭔가 더 확실한 증거를 받고 싶었습니다.

아내도 내가 하나님의 신유 사역자가 맞다는 확증을 받고 싶어 했습니다. 아내는 그동안 내적치유집회부터 월요치유집회까지 나와 함께 정말 열심히 섬겨왔습니다. 앞으로도 나의 든든한 조력자로서 함께 일하기 위해서 아내에게도 확신이 필요했습니다. 나의 말만 믿고, 또 내 기도로 병이 나았다는 다른 사람들의 말만 믿고 그 일을 계속해나가기보다는 하나님께 직접 확증을 받고 싶어 한 것입니다.

또 한 가지 문제가 더 있었습니다. 내가 정말 하나님께서 정하신 신유 사역자가 맞다면, 교수직을 그만두고 신학교에 가든지 사역에만 집중하면 안 되는지 묻고 싶었습니다. 한 해 동안 교수로서 일하며 동시에 사역하는 것은 너무 힘이 들었습니다. 늘 시간을 아끼며 긴장 속에서 절제된 생활을 해야 했습니다.

나는 간절히 기도했습니다.

"하나님, 내가 진짜 신유 사역자입니까? 확증해주십시오! 지난 1년 동안 갖은 고생하며 사역했는데, 이것을 계속하는 것이 맞습니까? 내가 괜히 잘못된 길로 가서 교수도 못하고, 연구도 못하고, 그냥 이렇게 지내고 있는 것은 아닙니까? 하나님의 뜻을 확실히 보여주십시오."

날이 저물매

"하나님, 제 남편이 진짜 신유 사역자가 맞나요? 말씀해주세요. 확증해주세요."

아내 역시 계속해서 이 기도 제목을 붙들고 기도했습니다. 2005년 4월 어느 날, 아내는 기도하다가 '마태복음 8장 16절'을 받았습니다. 그 구절에 해당하는 말씀이 무엇인지 전혀 알지 못하는 가운데, 깊은 기도를 하다가 말씀을 받은 것입니다. 아내는 얼른 성경책을 펼쳤습니다.

> 저물매 사람들이 귀신 들린 자를 많이 데리고 예수께 오거늘 예수께서 말씀으로 귀신들을 쫓아내시고 병든 자를 다 고치시니 _마 8:16

지금까지 아내는 나와 함께 사역을 했지만, 바늘 가는 데 실 가는 식의 사역이었지 우리의 사역이 신유 사역이라는 사실에 대해 좀처럼 수긍하려 하지 않았습니다. 그러나 이 말씀으로 아내의 고민은 단번에 해결되었습니다. 이 말씀은 예수님이 하신 일을 말하고 있기도 하지만, 월요치유집회 상황과 꼭 맞아떨어졌기 때문입니다.

월요치유집회는 저녁 7시에 열렸습니다. 날이 '저물매' 시작되는 것이지요. 그 집회에 오는 사람들은 병든 자와 귀신 들린 자들이었습니다. 나는 다른 무엇이 아닌 예수님의 말씀을 통해 병든 자들을 고치고 귀신들을 쫓아냈습니다. 모든 상황이 이 말씀과 꼭 맞아떨어졌습니다.

아내는 이 성경말씀을 받고 감사의 눈물을 흘리며 하나님을 찬양했습니다.

상상치 못한 위임식

아내가 확증을 받긴 했지만, 저에게도 확증이 필요했습니다. 하나님의 음성을 기다리며, 나는 그동안 너무나 가고 싶었던 성령, 예언, 신유집회에 계속 참석했습니다. 미국에 머무는 동안 하나님께서 쓰시는 많은 사역자들을 만나 말씀도 듣고, 기도를 받고 싶었습니다.

그 계획의 일환으로 7월에 마헤쉬 차브다(Mahesh Chavda) 목사님이 인도하시는 집회에 등록했습니다. 마헤쉬 차브다 목사님은 미국 노스캐롤라이나 주에 위치한 열방교회(All Nations Church)의 설립자이자 담임목사로, 세계적인 치유 사역자이십니다. 우리나라에도 《사랑만이 기적을 만든다》(예루살렘 역간), 《가장 위대한 능력 보혈》(규장 역간) 등과 같은 책이 소개되었고, 저도 오래 전에 그분의 책을 읽었습니다.

더욱이 그 집회에는 능력 있는 성령 사역자인 빌 존슨(Bill Johnson) 목사님이 초청 강사로 예정되어 있었습니다. 나는 그분의 책 《하늘이 땅을 침노할 때》(서로사랑 역간)를 읽고 너무나 큰 감동을 받았습니다. 그 분의 두 번째 책은 원서로 구해서 읽을 정도로 그 분의 말씀에 관심을 가지고 있었습니다.

마침내 기다리던 집회 날짜가 다가왔습니다. 6시간을 운전해서 그 집회 장소에 도착했습니다. 아내와 딸 그리고 당시 미국 보스턴의 신학교에 유학 중이던 나의 제자 한 명도 함께 갔습니다.

집회가 은혜롭게 진행되었습니다. 3일째 되는 저녁 집회는 마헤쉬 차브다 목사님이 인도하셨습니다. 900여 명이 목사님의 말씀을 듣기 위해 모였는데, 그중에 동양 사람은 우리 일행을 포함해서 열댓 명밖에 되지 않았습니다.

그런데 집회가 끝나갈 즈음 목사님께서 갑자기 말씀하셨습니다.

"여기 온 사람 가운데 성이 'Son' 혹은 'Sun' 인 사람이 있습니까?"

목사님의 발음은 부정확했지만 나는 순간적으로 그것이 나를 가리킨다고 확신했습니다. 참석한 사람들 가운데 그런 성을 가진 사람은 나밖에 없었습니다. 나는 손을 들고 벌떡 일어났습니다. 목사님이 물으셨습니다.

"가족과 같이 왔습니까?"

"네! 내 뒤에 앉은 사람이 내 아내와 딸입니다."

"아내와 함께 앞으로 나오십시오. 하나님께서 두 사람을 신유 사역자라고 말씀하셨습니다."

그때 모든 사람들이 깜짝 놀라 환호하며 박수를 쳤습니다. 하지만 그들은 그 말씀이 무엇을 의미하는지 정확히 몰랐을 것입니다. 오직 그 문제로 오랜 시간 하나님의 응답을 기다려온 나와 내 아내만이 이 사건의 의미를 완전히 이해할 수 있었습니다. 바로 그 시간, 하나님께서 나의 소명을 확증해주신 것입니다.

신유 사역자에 대한 고민은 그날로 끝이 났습니다. 나에 대해 전혀 알지 못하는 사역자가 하나님의 음성을 듣고 내 이름까지 부르며 "당신은 신유 사역자입니다!"라고 말해주는데, 더 이상 고민할 게 뭐가 있겠습니까.

아내와 나는 감격해서 앞으로 나갔습니다. 마헤쉬 차브다 목사님은 그 자리에서 우리에게 안수기도를 해주셨고, 우리는 성령님의 기름부으심을 받고 성령님의 임재 가운데 안식했습니다.

그날 우리 부부는 900명이나 되는 사람들 앞에서 신유 사역자로 위임을 받았습니다. 마치 직분을 맡는 위임식처럼, 신성한 성직의 의무를 받는 기념적인 날이었습니다. 그토록 갈급하게 하나님을 찾은 우리에게 하나님은 너무나 극적인 사건을 통해 응답하셨고 길을 보여주셨습니다!

사람 울리는 데 선수

사실, 내 뒤에 숨어 조력을 아끼지 않는 사랑하는 아내에게는 그전부터 특별한 은사가 있었습니다. 2001년도에 예수전도단에서 사역하시는 도나 조단(Dona Jordan) 목사님께서 내적치유집회의 강사로 초빙되어 오신 적이 있었습니다. 그 분은 주로 하나님의 음성 듣는 법을 가르치셨습니다.

그런데 그 분께서 기도해주신 뒤로 아내가 성령님이 보여주시는 환상을 보기 시작했습니다. 예를 들면, 내가 어느 외부 집회에 가기 전에 아내에게 기도를 부탁하면, 아내는 기도하다가 그 집회 장소를 환상으로 보았습니다. 창문이 몇 개인지, 바닥에 뭐가 깔려 있는지 들은 다음 실제로 가서 보면 정말 아내의 말 그대로였습니다.

한번은 내가 어떤 자매를 위해 안수기도를 하는데, 자매가 통 마음을 열지 않는 것입니다. 그래서 밖으로 나와 아내에게 전화를 걸어 기도를 부탁했습니다. 잠시 후 아내에게서 전화가 왔습니다.

"자매가 고등학생 때, 자살하려고 약국에서 약을 샀던 적이 있을 거예요. 성령님께서 그 장면을 보여주시는데, 한번 물어보세요."

내가 자매에게 혹시 이런 일이 있지 않았느냐고 묻자 그 자매가 까무러쳐버렸습니다. 그러고는 마음문을 열어서 치유를 위해 함께 기도할 수 있었습니다.

하지만 아내는 이런 일이 좋지만은 않았나봅니다. 주님께서 하늘문을 열어 영화처럼 환상을 보여주시고, 묻는 말마다 거의 대답을 해주셨는데도, 아내는 스스로 그런 기름부으심을 받을 만한 그릇이 못 된다고 생각한 것입니다. 얼마 후 아내는 이런 일들이 너무 두려워서 감당하지 못하겠다고 기도했습니다. 성령님께서 열어주신 환상의 문을 스스로 닫은 것입니다.

그 후 내가 월요치유집회를 인도하게 되었고 그러자 아내는 그때 은사를 포기한 것을 안타까워했습니다. 그리고 다른 사람들을 돕고 섬길 수 있는 은사가 회복되기를 바랐습니다. 부부가 연합하여 하나님과 다른 성도들을 섬기고자 했기 때문입니다. 아내는 내가 안식년을 맞아 함께 미국에 갔을 때, 나를 위한 기도와 함께 자신의 은사에 대한 기도도 열심히 했습니다.

마헤쉬 차브다 목사님의 집회에서 하나님께서 우리 부부를 치유 사역자로 부르신 것을 확증 받은 후, 아내의 은사도 많이 회복되었습니다. 아내는 현재 주로 내적치유를 담당하고 있습니다. 사람 울리는 데 선수입니다. 성령님께서 감동을 주시는 대로 어떤 사람을 붙들고 기도하기 시작하면 눈물을 흘리지 않는 사람이 거의 없을 정도입니다. 기도를 통해 마음이 열리고 상처가 치유되기 때문이지요.

낮은 자를 세우시고

그런데 해결되지 않은 문제가 한 가지 있었습니다. 하나님의 신유 사역자가 맞다면 교수직을 그만두고 싶다고 여러 번 구했으나 하나님께서는 이를 허락하지 않으셨습니다.

"네가 네 위치에 있는 것만으로도 나의 나라를 넓히는 것이다. 힘들고 어렵더라도 그 자리에 있어라. 그것이 내 일을 감당하는 것이다."

"주님, 제가 사역할 때 그냥 집회 시간만 대충 때우는 게 아니잖아요.

기도로 준비해야 하잖아요. 그런데 학교에서 연구하다가 시간 되면 연구를 딱 멈추고 기도자의 자세로 확 바꾸는 게 쉽지 않아요. 열심히 머리 쓰다가 깊은 기도로 들어가기가 쉽지 않다고요."

"네가 서 있는 그 자리에서 지금까지 버텨온 그대로 버텨라. 그게 축복이며 나의 나라를 넓히는 일이다."

나는 "그래, 그만둬라"라는 말씀만 기다리고 있었고, 그 말씀만 해주시면 당장이라도 교수직을 그만둘 의향이 있었습니다. 하지만 상황은 오히려 반대로 가고 있었습니다.

그해 8월 건국대학교로부터 전화가 왔습니다. 처장 보직 발령을 낼 테니 학교로 들어오라는 내용이었습니다. 나는 연초에 미국에 온 이유가 너무 분명했기 때문에, 몇 분의 의견을 들은 다음 정중히 거절했습니다. 그리고 남은 안식년의 기간 동안 하나님과 더 깊이 교제하기를 원했습니다.

9월 초에 미주리 주와 캔자스 주에 있는 한인교회에서 집회를 인도하고 돌아왔습니다. 그런데 돌아온 직후부터 하나님께서 이전에 한 번도 생각해본 적이 없는 말씀을 하셨습니다. 기도하는 가운데 책을 쓰라는 강한 감동을 주신 것입니다. 나는 신앙서적을 써본 적도 없고 쓸 생각을 해본 적도 없었습니다.

그러나 놀라운 사실은 내가 아침에 일어나 책상에 앉으면, 하나님께서 자신의 생각을 부어주시기 시작했다는 것입니다. 하루 14시간씩 책상에 앉아 약 40일 동안 타이핑을 했습니다. 《기름부으심이 넘치는 치유와 권능》(두란노 간)은 그렇게 세상에 나오게 되었습니다.

한국에 돌아온 뒤 2006년에 하나님께서는 나를 건국대학교 생명환경과학대학 학장으로 세우셨습니다. 보직을 맡지 않으려고 했는데, 하나님께서 그 일도 주님이 원하시는 일이라고 말씀해주셨습니다. 하나님나라를 확장해가는 데 필요하다면 무엇인들 못하겠습니까? 지금은 다시 월요치유집회를 인도하고, 건국대학교 교직원선교회 회장으로서 동료 교수들과 함께 건국대에 하나님나라가 도래하도록 기도하고 있습니다. 하나님께서 언제 무엇을 원하시든 기꺼이 따를 준비를 하고 있습니다.

기름부으심을
흘려보내다
ThankYouHolySpirit

"성령님, 기름부으심이 더 넘치게 해주세요."

그날도 성령님께 기름부으심을 더 달라고 조르고 있었습니다. 성령님께서 대답하셨습니다.

"어디에 쓰려고? 나한테 다시 부으려고?"

"네?"

"내가 너에게 이미 다 주었는데, 너는 모르고 있구나."

나는 기도하다 말고 어리둥절해서 고개를 갸우뚱했습니다.

'다 주셨다니, 내 처지를 보면 부족한 것이 너무 많은데….'

처음에 나는 그 말씀이 전혀 이해되지 않았지만, 이제는 무슨 뜻인지 알 것 같습니다.

아버지가 이르되 얘 너는 항상 나와 함께 있으니 내 것이 다 네 것

> 이로되_눅 15:31

첫째, 기름부으심을 다 주셨다는 말씀은 하나님께서 자신의 모든 것을 그 자녀인 우리에게 주셨다는 뜻입니다. 따라서 우리는 그분의 임재만을 위해 기도할 것이 아니라, 그분께서 주신 능력이 실제로 나타나도록 기도해야 할 것입니다.

> 나를 믿는 자는 성경에 이름과 같이 그 배에서 생수의 강이 흘러나리라 하시니_요 7:38

둘째, 하나님께서 우리에게 기름부으심을 주셨지만, 그것이 단순히 믿음으로만 이 땅에 나타날 수 있는 것이 아니라는 뜻입니다. 하나님나라를 건설하는 일과 잃어버린 영혼을 찾는 일에 대한 거룩한 부담감을 행동으로 표출할 때, 기름부으심은 흐릅니다.

> 우리는 그의 만드신 바라 그리스도 예수 안에서 선한 일을 위하여 지으심을 받은 자니 이 일은 하나님이 전에 예비하사 우리로 그 가운데서 행하게 하려 하심이니라_엡 2:10

셋째, 기름부으심을 막고 있는 것은 우리이지 하나님이 아니라는 사실입니다. 우리의 구습(舊習)과 잘못된 생각들이 하나님의 영광이 나타나는 것을 막고 있는 것입니다. 결국, 주님께서 다 주셨으니, 주신 것을 믿고 "나가라! 더 많은 사람들에게 나누라!"는 뜻입니다.

기름부으심의 통로

기름부으심은 절대적으로 다른 사람들을 위한 것이지, 자신의 명성이나 능력을 과시하기 위한 것이 아닙니다. 이 땅에 하나님나라를 건설하고 넓히기 위해 나타난 하나님의 권능입니다.

그러므로 기름부으심을 받은 사람은 자신의 기름통을 채우려 할 것이 아니라, 기름부으심이 자신을 통해 다른 사람들에게 흘러가도록 해야 합니다. 즉, 우리는 기름을 담아두는 통이 아니라, 다른 사람들에게 기름부으심을 흘려보내는 파이프가 되어야 한다는 말입니다. 기름부으심이 넘치게 한다는 것은 통을 크게 한다는 의미가 아닙니다. 파이프의 직경을 넓힌다는 의미입니다. 성령님의 능력은 언제나 차고 넘치지만, 파이프가 좁으면 기름이 조금씩밖에 흐르지 못합니다. 그러나 파이프를 넓히면 많은 기름이 다른 사람들을 향해 흘러갈 수 있습니다.

그럼 어떻게 해야 파이프를 넓힐 수 있을까요? 잃어버린 영혼, 상처받은 영혼, 병으로 고통받는 영혼들을 향해 내가 얼마나 긍휼과 사랑을 가지고 있느냐, 내가 얼마나 하나님의 뜻을 이루려고 하는 열망이 있느냐에 따라 그 파이프의 직경이 달라질 것입니다.

성령충만의 정도와 인격의 깊이도 중요합니다. 기름부으심을 받은 은사자들 가운데서도 성령의 열매를 맺지 못하는 사람은 결국 하나님께 쓰임 받지 못하게 됩니다. 파이프를 넓히기 위해서는 사랑과 온유, 자비 등 성령의 열매를 맺는 일이 꼭 필요하다는 것을 알 수 있습니다.

나는 성령님의 기름부으심을 흘려보내는 통로일 뿐입니다. 나는 스스로 빈 깡통이라고 부릅니다. 성령님께서 나를 통로로 써주지 않으시면, 나는 정말 남는 게 하나도 없습니다. 그래서 날마다 주님께 매달립니다. 그러면 주님은 "항상 부족하지 않는 기름부으심으로 채워주겠으니 너는 내 뜻을 따르고, 내가 원하는 일을 행하라"고 말씀하십니다.

다른 사람에게 기름부으심을 흘려보내고 싶은 그 거룩한 부담감마저 사실은 성령님께서 주신다는 것을 생각하면, 우리는 정말이지 얼마나 행복한 의존자이며 통로들입니까. 우리 안에 계시는 성령님께서 누구보다 연약한 영혼을 돕고자 하시므로, 성령님께 순종하기만 하면 사랑의 마음, 다른 사람을 긍휼히 여기는 마음, 다른 사람의 아픔을 민망히 여기는 예수 그리스도의 마음이 우리에게도 동일하게 들어올 것입니다.

우리 모두 그 마음을 가지고 밖으로 나가 기름부으심을 흘려보내는 삶을 살기 원합니다.

기름부으심의 기초는 하나님의 사랑과 긍휼

2005년에 미국 노스캐롤라이나 주에 있는 모닝스타교회 집회에 참석한 적이 있습니다. 그곳에서 신령한 목사님 한 분을 만나게 되었습니다. 나는 그분에게 개인적으로 기도를 받고 싶었고 3일 동안 기회가 오기만을 기다리다가 마침내 그 기회를 잡게 되었습니다. 목사님 내외분이 엘리베이터를 타고 1층으로 내려가시는 것을 보고, 1층까지 단숨에 뛰어 내려가 엘리베이터 문 앞에서 기다린 것입니다.

문이 열리고 목사님이 나오시자마자 나는 준비한 말을 시작했습니다.

"저는 한국에서 온 손기철이라고 합니다. 제가 목사님께 꼭 기도를 받고 싶습니다."

목사님은 잠시 나를 물끄러미 바라보시더니, 이윽고 두 손을 잡고 기도하기 시작하셨습니다. 나는 긴장한 가운데 기도에 집중했고 그러다보니 기도 내용을 전부 알아들을 수는 없었습니다. 그러나 하나님께서 앞으로 나를 어떻게 쓰실 것이라는 말씀은 없이, 가르침에 대한 은사를 주셔서 감사하고, '긍휼'(compassion)의 기름부으심을 더 부어달라고 기도하시는 것을 들었습니다.

너무 실망해서, 기도하고 가시는 분을 붙들고 다 알아듣지 못했으니 다시 한번 기도해달라고 졸랐습니다. 민망한 상황이었지만, 그렇게라도 꼭 기도를 더 받고 싶었기 때문입니다. 그러나 이번에도 역시 거의 동일한 말씀을 해주셨습니다. 큰 실망감이 내 마음을 휩쓸기 시작했습니다.

'하나님께서 이분을 통해 엄청난 말씀을 주실 줄 기대했는데, 겨우 긍휼한 마음을 가지라는 말씀이라니…'

집회에서 돌아오며 왜 하나님이 내게 긍휼의 마음을 가지라고 말씀하셨는지 곰곰이 생각해보았습니다. 생각하면 할수록 두 가지 마음이 들었습니다. 첫째는 내가 정말 하나님의 사랑과 긍휼의 마음이 부족하다는 것이고, 둘째는 하나님의 기름부으심의 근원은 그분의 사랑과 긍휼이라는 것이었습니다. 그때부터 나는 하나님의 사랑과 긍휼로 사역하게 해달라고 집중적으로 계속 기도하기 시작했습니다.

그러던 중 2006년 4월, 온누리교회 예수제자학교(JDS)에서 내적치유 사역을 하며 약 70명의 성도들을 위해 기도하는데, 한 번도 느껴보지 못한 하나님의 사랑과 긍휼이 내게로 흘러들어오는 것을 경험했습니다. 그러자 내가 기도하고 있는 성도들의 영혼을 향해 한없는 사랑과 긍휼이 생겨났습니다. 그것은 과거에 느껴보지 못한 말할 수 없이 따뜻하고 거룩한 감정이었습니다. 그 뒤로 하나님의 사랑과 긍휼이 집회 가운데 임하고 있습니다.

안수 없이도 흐르는 기름부으심

처음에 나는 꼭 머리에 손을 얹고 기도해야 치유가 되는 줄 알았습니다. 아픈 사람을 붙들고 뭔가 해야만 되는 줄 알았지요. 그런데 언제부터인가 멀리 떨어져 있는 사람을 일으켜 세운 다음 예수의 이름으로 선포했을 때에도 동일하게 치유가 된다는 사실을 알았습니다.

온누리교회 예수제자학교에서 내적치유 강의를 하기 위해 갔을 때의 일입니다. 한 분이 허리가 너무 아파 그러는데 누워서 말씀을 들어도 되겠느냐고 물었습니다.

"그럼요."

별다른 생각 없이 그렇게 말하고 단상에 올라갔는데 내 마음에 이런 생각이 들었습니다.

'왜 누워서 듣지? 성령님께서 치유해주셔서 앉아서 들으면 되지.'

그래서 갑자기 다시 그 자매를 불렀습니다.

"맨 뒤에 누워 계신 분, 일어서세요."

그 자매가 아픈 몸을 간신히 일으켜 세웠습니다. 나는 그 분을 향해 선포했습니다.

"예수의 이름으로 치유될지어다!"

그러자 갑자기 뒤로 확 쓰러지는데, 잠시 후 일어나는 그 분의 표정이 완전히 변해 있었습니다. 아프던 허리가 치유되었기 때문입니다.

> 한 촌에 들어가시니 문둥병자 열 명이 예수를 만나 멀리 서서 소리를 높여 가로되 예수 선생님이여 우리를 긍휼히 여기소서 하거늘 보시고 가라사대 가서 제사장들에게 너희 몸을 보이라 하셨더니 저희가 가다가 깨끗함을 받은지라_눅 17:12-14

성령님은 정말이지 어떠한 제한도 받지 않으시는 분이십니다. 우리

눈에 보이지는 않지만 이 땅에 임한 기름부으심은 실체입니다. 기도할 때 하나님의 영광이 강력하게 임해서 내 주위에 있는 사람들이 쓰러지는 것을 자주 보게 됩니다. 그때 나는 내 몸에서 성령의 능력이 나가는 것을 느낄 수 있습니다. 기름부으심은 자기장(磁氣場)처럼 실체입니다. 기름부으심을 받은 사람이 다른 사람을 위해 기도할 때, 눈에 보이지 않지만 분명히 능력이 흘러가고 있는 것입니다.

능력 전이

기름부으심은 다른 사람에게 '전이'(impartation, 임파테이션)되기까지 합니다.

내가 기름부으심이 넘치는 목사님에게 안수기도를 받을 때, 나에게 기름부으심이 흘러 들어왔습니다. 이와 동일하게, 내가 다른 사람을 위해 기름부으심을 흘려보내는 기도를 하면 성령님의 능력이 전달되고, 그 기도를 받은 사람도 나와 같은 사역을 할 수 있게 됩니다. 단 기름부으심이 무조건 전이(轉移)되는 것은 아닙니다. 하나님의 계획하심과 기름부으심을 흘려보내는 사람과 받는 사람의 믿음과 마음의 상태가 결정적인 역할을 한다고 생각합니다.

중요한 것은 새 술은 새 부대에 넣어야 한다는 사실입니다. 옛 부대에 새 술을 담아봐야 오래가지도 못하고 부대도 상하고 포도주도 흘러버리고 맙니다. 옛 자아가 살아 있는 상태에서 기름부으심을 받아보았자 곧 기름부으심이 땅에 쏟아지게 된다는 말입니다.

이 책을 읽는 당신은 새 부대입니까, 헌 부대입니까? 지금까지 이 글을 흥분과 갈급함으로 읽어오셨다면 당신은 새 부대입니다. 기름부으심을 받으십시오.

> 새 포도주를 낡은 가죽 부대에 넣지 아니하나니 그렇게 하면 부대가 터져 포도주도 쏟아지고 부대도 버리게 됨이라 새 포도주는 새 부대에 넣어야 둘이 다 보전되느니라_마 9:17

나는 하나님의 기름부으심을 많은 분들에게 흘려보냈습니다. 나로부터 기름부으심이 전이된 월요치유집회 팀원들도 나와 동일한 치유의 은사가 나타나고 있습니다. 또 집회에 오셔서 임파테이션 기도를 받으신 여러 목사님과 평신도들까지 동일한 능력을 가지고 사역하시는 것을 볼 수 있습니다.

지속적인 기름부으심을 위해

성령님께서 심령 안에 찾아오신 후 그분을 의지하여 믿음으로 행하면, 우리의 심령 가장 깊숙한 곳에서 생수의 강이 흘러납니다. 그 생수의 강은 성령님 자신이시며, 성령님의 능력인 기름부으심을 가리키기도 합니다.

> 나를 믿는 자는 성경에 이름과 같이 그 배에서 생수의 강이 흘러나
> 리라 하시니 이는 그를 믿는 자의 받을 성령을 가리켜 말씀하신 것
> 이라_요 7:38,39

그런데 임파테이션을 했을 때, 기름부으심을 받은 사람의 능력이 언제나 지속되는 것은 아닙니다. 능력이 전이된 그 자리에서만 능력이 나타나고, 그 후 원래 상태로 돌아가는 경우도 많습니다. 우리는 기름부으심의 비밀을 이해해야 합니다.

> 내가 주는 물을 먹는 자는 영원히 목마르지 아니하리니 나의 주는
> 물은 그 속에서 영생하도록 솟아나는 샘물이 되리라_요 4:14

> 내 백성이 두 가지 악을 행하였나니 곧 생수의 근원되는 나를 버린
> 것과 스스로 웅덩이를 판 것인데 그것은 물을 저축지 못할 터진 웅
> 덩이니라_렘 2:13

기름부으심이 일회적으로 끝나버리는 이유 가운데 하나는, 받는 사람의 마음에 상처가 있거나 하나님의 역사를 제대로 이해하지 못하기 때문입니다.

우리가 다른 사람으로부터 안수를 받을 때 기름부으심이 임하지만,

그 궁극적인 흐름은 생수의 근원이요 내 안에 찾아오신 성령님이십니다. 그분은 우리의 심령에 계십니다. 이 생수의 강이 심령으로부터 솟아오를 때, 우리 마음에 상처나 쓴뿌리가 있으면 생수가 잘 흐르지 못합니다. 이런 사람에게는 먼저 내적치유가 필요합니다. 성령님께서 마음속의 상처나 쓴뿌리를 제거하시도록 그분께 상처를 보이고 치유받아야 합니다.

그런데 어떤 사람들은 마음속 상처가 낫기를 바라며 날마다 다른 사람들로부터 기도를 받으러 집회를 좇아다니지만, 하나님을 의지하고 믿는 마음이 있을 때라야(사역자가 아닌 자신 안에 찾아오신 성령님을 의지할 때) 진정으로 치유받을 수 있습니다.

성령님과 지속적으로 교제하지 않을 때에도 기름부으심은 일회적으로 끝나고 맙니다. 성령님은 누구에게나 오실 수 있고, 또한 그분은 우리에게 지속적으로 기름부어주기를 원하시지만, 그 성령님과 교제하기 위해서는 자신의 자아를 포기해야 합니다. 날마다 그분을 존귀하게 여기고 그분의 말씀에 순종해야 합니다.

그런데 사람들은 대부분 임파테이션을 통해 성령님을 강력하게 만나더라도 그분과 금세 헤어져버립니다. 세상일에 관심이 너무 많기 때문입니다. 계속해서 성령님을 사모하며 그분께 자아를 내드려야 하는데, 그 일을 하지 못하는 것입니다.

또 기름부으심을 따라 능력 행하는 것을 주저하는 사람들도 있습니다. 어디가 아프거나 위로가 필요한 사람을 보면 안수해주고 싶고 도와주고 싶은 마음은 굴뚝같지만, 정작 본인에게서 능력이 나올지 확신이 서지 않기 때문입니다.

그러나 다시 말하지만, 우리는 하나님의 영광의 통로일 뿐입니다. 내가 무엇을 가지고 있다가 나눠주는 게 아니라는 말입니다. 성령님의 발전소로부터 늘 전력이 들어오고 있습니다. 우리가 할 일이라고는 한 손으로는 성령님을, 다른 손으로는 도와주어야 할 사람의 손을 잡는 일뿐입니다. 그럴 때 성령님으로부터 기름부으심이 흘러갑니다.

자신이 무언가로 충만할 때만 다른 사람에게 나누어줄 수 있다는 생각을 뛰어넘으세요. 성령님은 우리에게 다 주셨다고, 더 주실 것이라고 말씀하십니다. 기름부으심의 비밀은 쌓아두는 데 있는 것이 아니라 흐르는 데 있습니다. 더 많이 흘려보낼수록 더 큰 기름부으심이 임할 것을 기대하십시오.

기름부으심 공식 정리

기름부으심은 다음과 같은 공식으로 이루어집니다. 기름부으심은 성령세례를 받은 하나님나라의 백성만이 누릴 수 있는 특권입니다.

$$기름부으심 = \left\{ \frac{(내적치유 + 천국백성의 정신) \times 성령님의 임재}{세상적 자아 정체성} \times 시간 \right\} + 경험$$

하나님나라의 백성이 되기 위해서는 무엇보다 우리 마음이 새 부대로 변해야 합니다. 새 부대에만 새 술을 담을 수 있기 때문입니다. 새 부대를 만드는 마음의 변혁은 두 가지로 이루어집니다.

첫째, 내면의 상처와 쓴뿌리를 제거하는 방법입니다. 흔히 내적치유라고 합니다.

둘째, 구원받은 사람이 하나님나라에서 그 나라의 법대로 어떻게 살아가야 하는지 그 마음을 가져야 합니다. 이것은 하나님의 자녀로서 자신을 통해 뜻이 하늘에서 이루어진 것처럼 이 땅에서 이루어지기를 사모하는 마음을 가지는 것으로 '천국 백성의 정신'(kingdom mentality)을 소유하는 것을 말합니다. 그러나 중요한 사실은 이 모든 마음의 변혁이 항상 성령님의 임재 안에서 이루어져야 한다는 것입니다.

한편, 우리의 마음은 하나님의 위대하심과 역사하심보다는 스스로 늘 부족하다는 느낌, 세상적인 관습 그리고 구습의 틀로 우리를 제한하고 있습니다. 우리는 날마다 이 잘못된 믿음을 의도적으로 제거해야 합니다. 이런 세상적 자아 정체성이 제거되면 될수록 기름부으심이 넘치는 것입니다.

이 일들은 한순간에 이루어지지 않습니다. 매일 그분 앞에서 거룩한 낭비의 시간을 갖는 가운데 카이로스 하나님을 만나야 합니다. 이 시간들은 우리가 하나님을 기다리는 시간이 아니라 하나님이 우리를 기다리시는 시간입니다. 왜냐하면 모든 과정은 자신을 죽이는 과정이기 때문입니다.

　우리는 날마다 새로워집니다. 하나님과 새로운 친밀함 가운데 매일 새날을 맞이합니다. 그리고 새로운 경험을 합니다. 기독교 신앙은 체험종교입니다. 단순한 경험이 아니라 하나님에 의해 이루어지는 경험이기 때문입니다. 경험은 우리의 실수와 죄로 인한 끝없는 추락을 막아줄 뿐만 아니라 새로운 도약을 위한 디딤돌 역할을 합니다. 또한 기름부으심은 하나님과의 다양한 경험으로 증가됩니다.

5

T H A N K Y O U H O L Y S P I R I T

성령님의 꿈

: 성령님이 열어주시는 새 길을 따르다 :

오직 성령이 너희에게 임하시면 너희가 권능을 받고
예루살렘과 온 유대와 사마리아와 땅 끝까지 이르러 내 증인이 되리라 하시니라 _행 1:8

성령님에 대한 잘못된 선입견
ThankYouHolySpirit

　우리는 자신이 다니는 교회의 교단이나 목사님으로부터 많은 영향을 받습니다. 만일 성령의 역사는 2천 년 전 마가의 다락방에서 이미 일어났고, 지금은 일어나지 않는다는 '기적 종식론'을 믿는 교단에서 신앙생활을 했다면, 성령님에 대해 의심하고 부정적인 생각을 하게 되는 것이 당연합니다. 목사님의 설교를 들으면서 은연중에 성령님의 역사에 대한 잘못된 생각이 자리 잡기 때문입니다.

　때로는 개인적인 체험이 성령님에 대해 왜곡된 선입견을 심어주기도 합니다. 이런 경우에는 본인 스스로 의지적으로 성령세례를 거부하게 됩니다. 예를 들어서 어떤 집회에 갔는데 성령의 은사가 있는 인도자가 말을 함부로 하고, 남의 비밀과 죄를 들추어내고, 지나친 헌금을 강요하고, 마치 자기가 하나님인 것처럼 행동하는 것을 보았을 경우, 그러면 그 은사자의 행동이 뇌리에 박히게 됩니다. 이렇게 잘못된 고정관념이 자리 잡게 되면, 성령님을 초청하여 친교를 나눌 수가 없습니다. 성령님이 오시면 자신의 비밀과 죄를 막 캐낼 것 같은 두려움이 마음속에 있기 때문입니다.

이런 경험이 아니라면, 자아가 강하거나 지나치게 이성적인 경우에 성령님의 역사를 받아들이지 못합니다. 특히 자수성가(自手成家) 하신 분들 가운데 이런 분들이 많은 것 같습니다. 이런 분들은 성경을 열심히 공부하지만 기사(奇事)와 이적에 관련된 성경말씀들은 그냥 지나쳐버립니다. 성령님이 인격체라는 것은 인정하면서도 내가 아닌 다른 인격체에 나 자신을 맡기는 것은 결코 용납하지 못합니다. 자아(自我)를 내려놓지 않으려 하는 것입니다. 자아는 죽고 자기 안에 있는 그리스도께서 사시는 삶을 거부하는 것이지요.

> 내가 그리스도와 함께 십자가에 못 박혔나니 그런즉 이제는 내가 산 것이 아니요 오직 내 안에 그리스도께서 사신 것이라_갈 2:20

성령님은 필요 없는 분이다?

이런 여러 이유로 성령님에 대해 부정적인 생각을 가진 사람들은 '성령은 필요 없어. 그냥 내가 열심히 신앙생활 하면 돼'라고 생각합니다.

그러나 성령세례를 받지 않으면 진정한 그리스도인으로 살아갈 수 없습니다. 예를 들어서 베드로는 예수님의 수제자(首弟子)로서 3년 동안 예수님을 따랐습니다. 예수님의 기사와 이적을 눈으로 보았을 뿐 아니라 물 위를 걷는 기적을 체험하기도 했습니다. 그러나 예수님이 십자가에 못 박히시기 전날 밤, 그는 예수님을 부인하고 도망쳤습니다.

베드로가 진정한 그리스도인의 삶을 살게 된 것은 오순절 날 성령님이 임하신 이후였습니다. 이전에 무식하고 겁 많던 베드로가 수많은 사람들 앞에서 예수님을 논리적으로 증거하며 전하게 되었습니다. 그는 더 이상 예수님을 부인하지 않았습니다. 그는 십자가에 거꾸로 못 박혀 죽는 죽음까지 불사했습니다. 사도 베드로의 인생은 사복음서에 나오는 삶과 사도행전에 나오는 삶으로 크게 구분해볼 수 있습니다.

성도들의 삶도 마찬가지입니다. 사복음서적인 성도가 있는 반면에 사도행전적인 성도가 있습니다. 사복음서적인 성도는 물세례만 받은 성도라고 할 수 있습니다. 그는 예수 그리스도를 구주(救主)라고 말하지만, 어디까지나 예수님은 그 자신과 다른 인격체로 따로 존재합니다. 그 경우에는 예수 그리스도를 '닮아가는' 삶에 만족할 수밖에 없습니다.

인간의 의지와 노력으로 예수 그리스도를 닮기 위해 애쓰는 그가 가질 수 있는 소망은 오직 이 힘든 수고가 천국에서는 끝날 것이라는 사실입니다. 그는 예수님을 믿고 구원받았음으로 하나님나라에는 갈 수 있지만, 이 땅에서 하나님나라의 백성으로서 능력 있는 삶을 누리기는 어렵습니다.

반면 사도행전적인 성도는 성령세례를 받은 성도입니다. 그는 예수의 영인 성령님께 자신의 자아를 드림으로써 자기 안에 계신 그리스도가 '친히 드러나는' 삶을 살아갑니다. 이 땅에서도 능력 있는 그리스도인의 삶을 살 수 있습니다. 이런 성도가 바로 사도행전 29장을 쓸 수 있습니다.

성령세례는 옵션이다?

성령세례는 기호에 따라 선택하는 신앙생활의 옵션이 아닙니다. 그것은 우리에게 꼭 필요합니다. 말씀을 깨닫고 말씀대로 살아가기 위해 성령세례는 반드시 받아야 하는 필수사항입니다.

성령세례를 받으면, 그전까지 우리가 이성적으로 해석하고 판단하고 이해했던 말씀을 성령님께서 친히 풀어 이해시켜주십니다.

> 보혜사 곧 아버지께서 내 이름으로 보내실 성령 그가 너희에게 모든 것을 가르치시고 내가 너희에게 말한 모든 것을 생각나게 하시리라 _요 14:26

> 우리가 세상의 영을 받지 아니하고 오직 하나님께로 온 영을 받았으니 이는 우리로 하여금 하나님께서 우리에게 은혜로 주신 것들을 알게 하려 하심이라 우리가 이것을 말하거니와 사람의 지혜의 가르친 말로 아니하고 오직 성령의 가르치신 것으로 하니 신령한 일은 신령한 것으로 분별하느니라 _고전 2:12,13

말씀을 이해하고 말씀대로 살아가기 위해서 성령님 없이 우리가 할 수 있는 것은 없습니다. 오직 성령이 임하시면 우리가 권능을 받고 복음을 전하는 증인으로 온전하게 쓰임 받을 수 있습니다.

> 오직 성령이 너희에게 임하시면 너희가 권능을 받고 예루살렘과 온 유대와 사마리아와 땅 끝까지 이르러 내 증인이 되리라 하시니라
>
> _행 1:8

초대교회 때 사도들은 성도들에게 물세례와 성령세례를 모두 받도록 했습니다. 사도행전 8장 14-17절을 보면, 베드로와 요한이 사마리아에 간 기사가 나옵니다. 그전에 빌립이 먼저 사마리아 성에 가서 그리스도를 전했고, 그때 많은 사람들이 그리스도를 영접하고 큰 기쁨을 얻었습니다. 그러나 그들은 오직 주 예수의 이름으로 물세례만 받았을 뿐이었습니다.

나중에 도착한 베드로와 요한은 사마리아 사람들이 성령 받기를 기도했습니다. 그리고 그들에게 안수하여 성령을 받게 했습니다. 성령세례를 준 것입니다.

> 예루살렘에 있는 사도들이 사마리아도 하나님의 말씀을 받았다 함을 듣고 베드로와 요한을 보내매 그들이 내려가서 저희를 위하여

성령 받기를 기도하니 이는 아직 한 사람에게도 성령 내리신 일이 없고 오직 주 예수의 이름으로 세례만 받을 뿐이러라 이에 두 사도가 저희에게 안수하매 성령을 받는지라_행 8:14-17

사도행전 19장에도 바울이 에베소의 제자들에게 성령세례를 받았는지 묻고, 그런 체험이 없다고 하자 성령세례를 받게 하는 장면이 나옵니다.

아볼로가 고린도에 있을 때에 바울이 윗 지방으로 다녀 에베소에 와서 어떤 제자들을 만나 가로되 너희가 믿을 때에 성령을 받았느냐 가로되 아니라 우리는 성령이 있음도 듣지 못하였노라 바울이 가로되 그러면 너희가 무슨 세례를 받았느냐 대답하되 요한의 세례로라 바울이 가로되 요한이 회개의 세례를 베풀며 백성에게 말하되 내 뒤에 오시는 이를 믿으라 하였으니 이는 곧 예수라 하거늘 저희가 듣고 주 예수의 이름으로 세례를 받으니 바울이 그들에게 안수하매 성령이 그들에게 임하시므로 방언도 하고 예언도 하니 모두 열두 사람쯤 되니라_행 19:1-7

그러나 오늘날 우리 가운데는 성령세례가 있는지 없는지도 모르고 살아가는 사람들이 많습니다. 성경을 제대로 알지 못하기 때문에 물세례만 받으면 모든 게 다 되었다고 생각하는 것입니다.

우리는 성령세례를 받아야만 합니다. 자신의 의지와 계획과 지혜만으로 예수 그리스도를 닮아가는 삶이란 얼마나 어렵습니까? 이런 삶을 살아오면서 얼마나 지쳤습니까? 하지만 성령님께 나의 의지와 계획과 지혜를 내드리고 그분의 품속으로 들어가면, 내가 내 것을 포기하는 만큼 내 안에 계신 그리스도가 나타나게 됩니다. '예수쟁이'(불신자가 그리스도인을 비하할 때 쓰는 말이지만, 실제로 성령님이 함께하시지 않으면 삶이 변화되지 않고 '율법적으로 예수를 믿는 자'로 전락하고 맙니다)가 아닌 '그리스도인'만이 하나님나라의 백성이 되는 것입니다.

> 예수께서 대답하시되 진실로 진실로 네게 이르노니 사람이 물과
> 성령으로 나지 아니하면 하나님나라에 들어갈 수 없느니라 _요 3:5

성령세례를 받으려면 대가를 지불해야 한다?

성령세례의 유익을 알고 구하는 사람들 가운데 어떤 이들은 성령세례를 받기 위해 고행(苦行)을 선택하기도 합니다. 하나님께 뭔가를 얻어내기 위해서는 그에 합당한 인간적인 노력을 해야 한다고 생각하기 때문입니다. 그래야 특별한 자격을 얻고 하나님께 쓰임 받을 수 있다고 생각하는 것입니다. 이런 사람들은 등뼈가 휠 정도로 성경을 보고 기도합니다. 아니면 몸이 상하도록 금식하며 안간힘을 씁니다. 그래도 안 되면,

산 기도를 가서 나무뿌리를 붙잡고 흔들며 막 울부짖습니다. 기도하러 기도원에도 들어갑니다. 그러나 안타깝게도 검증되지 않은 산 속 기도원에 들어갔다가 잘못된 길로 빠지는 경우를 종종 보았습니다.

교회에서도 "성령충만을 위해 기도합시다!"라는 인도자의 말이 떨어지기가 무섭게, 성도들이 갑자기 소리를 지르고 몸을 흔들고 땀을 흘리며 악에 받친 듯 기도합니다. 하지만 그 열띤 기도가 정작 본인의 감정을 폭발시키는 카타르시스밖에 되지 않을 때가 많습니다. 시간이 되면 기도회는 끝나고, 인도자는 "집으로 돌아가서서 더 기도하십시오"라고 말합니다. 마치 학교에서 못 다한 공부를 숙제로 내주듯이 말입니다. 그렇게 기도를 마치고 교회에서 나올 때 허탈한 마음이 드는 경우가 얼마나 많았습니까? 당신은 성령의 임재함 가운데 안식을 누리고 나오는 길입니까? 아니면 성령을 찾아 헤매다가 나오는 길입니까?

성령세례는 특별한 사람만이 수행(修行)을 열심히 한 결과로 받는 것이 절대 아닙니다. 특별한 곳에서 울부짖고 악을 써야만 받는 것이 결단코 아닙니다. 우리는 하나님의 자녀입니다. 이 사실을 꼭 기억해야 합니다. 하나님은 우리를 사랑하시고, 우리가 하나님의 자녀로 살아가기를 바라십니다. 성령세례를 받으면 하나님의 자녀로 더욱 능력 있는 삶을 살 수 있기 때문에, 하나님은 우리에게 성령세례를 주기를 간절히 원하십니다.

> 너희 중에 아비 된 자 누가 아들이 생선을 달라 하면 생선 대신에 뱀을 주며 알을 달라 하면 전갈을 주겠느냐 너희가 악할지라도 좋은 것을 자식에게 줄 줄 알거든 하물며 너희 천부께서 구하는 자에게 성령을 주시지 않겠느냐 하시니라_눅 11:11-13

못난 아비일지라도 자식에게 좋은 것을 주는데, 우리 하나님 아버지께서 구하는 자에게 어찌 성령을 주시지 않겠습니까? 성령은 하나님의 선물입니다. 우리가 값을 지불하고 그 대가로 받는 것이 아닙니다. 하나님의 자녀인 우리는 아버지가 주시는 것을 받아 누릴 권리가 있습니다. 성령세례는 원래 받을 수 없는 것을 억지로 노력해서 받는 것이 절대 아닙니다.

> 하나님이 가라사대 말세에 내가 내 영으로 모든 육체에게 부어주리니 너희의 자녀들은 예언할 것이요 너희의 젊은이들은 환상을 보고 너희의 늙은이들은 꿈을 꾸리라 그때에 내가 내 영으로 내 남종과 여종들에게 부어주리니 저희가 예언할 것이요_행 2:17,18

> 내가 너희에게 다만 이것을 알려 하노니 너희가 성령을 받은 것은 율법의 행위로냐 듣고 믿음으로냐_갈 3:2

하나님께서는 마지막 때에 성령을 모든 육체에게 물 붓듯이 부어주신다고 약속하셨습니다. 그분은 우리에게 성령세례를 너무나 주고 싶어 하십니다. 성령세례를 받기 위해 우리가 해야 할 일은 죄를 회개하고 성령세례를 사모하고 믿음으로 받는 것뿐입니다. 더 이상의 어떤 대가를 지불해야 한다는 생각은 버리세요. 오직 죄를 회개하고, 내가 죄인이므로 하나님의 영(靈)이 내 안에 임재하지 않고서는 온전한 자녀의 삶을 살아갈 수 없음을 고백하고 성령을 초청하고 하나님의 영광의 임재를 믿음으로 취하십시오.

성령을 구하다가 악한 영을 잘못 받을 수도 있다?

어떤 분들은 성령을 구하다가 잘못해서 악령을 받게 되는 건 아닌가 하는 두려움을 가지고 있습니다. 만약 그럴 수도 있다고 한다면 우리가 어떻게 그리스도인으로서 살 수 있겠습니까? 하나님보다 더 큰 권세자가 있어서 하나님을 이기고 그분 대신 내 안에 들어온다면, 우리가 왜 굳이 예수님을 믿고 살겠습니까? 마땅히 더 큰 권세를 의지하는 것이 지혜롭지 않겠습니까?

우리가 성령을 구할 때, 악령을 받게 되는 법은 절대로 없습니다. 하나님은 가장 큰 권세를 가지고 계시며, 우리에게 성령을 선물로 주기를 간절히 원하십니다. 우리를 사랑하시는 아버지께서 악령을 받도록 하실리가 없다는 올바른 믿음을 가져야 합니다. 생선을 달라 하는데 뱀을 주고, 알을 달라 하는데 전갈을 주는 아버지는 없습니다. 하물며 하나님 아버지께서 구하는 자에게 성령 대신 다른 것을 주실 리 있겠습니까.

그런데 실제로 성령 사역의 현장에서 악령이 임하는 듯한 이상한 현상을 보고 듣거나 겪은 적이 있을지 모릅니다. 어떤 사람들은 성령세례를 위해 안수기도를 받는 동안 얼굴이 일그러지거나, 음성이 변조되어 이상한 말을 하거나, 몸을 기괴하게 움직입니다. 이런 현상까지는 일어나지 않더라도 성령님이 역사하실 때 몸이 떨려오고 두려움에 사로잡혀서 그분의 임재를 거부할 때가 있습니다.

그러면 이런 일들은 왜 일어나고 두려움은 왜 생기는 걸까요? 성령님이 역사하시는 곳에는 악한 영도 그 정체를 드러내기 때문입니다. 우리는 평상시 자신의 내면이 어떤 상태인지 잘 모르지만, 예수님을 믿기 전에 지었거나 믿은 후에도 지속적으로 지은 죄와 오래된 상처 때문에 악한 영의 억압을 받고 있을 수 있습니다.

쉬운 말로 하면 죄와 상처는 어두운 곳에 버려진 쓰레기와 같습니다. 쓰레기가 있는 곳에는 쥐들이 있습니다. 그들은 악한 영입니다. 이 어두운 곳에 갑자기 성령님의 빛이 비취면 쥐들이 드러나는 것입니다. 그런데 이 쥐들이 그동안 살아온 터전을 쉽게 버릴 리가 없습니다.

"나 못 나가!"

이들은 무엇을 믿고 버티는 걸까요?

"여기 죄가 있잖아. 죄가 있는 곳에는 내가 있어도 되는 합법적인 권리가 있다고!"

그러면서 못 나간다고 악을 쓰는 것입니다.

죄를 회개하지 않는 것으로 악한 영에게 동의하고 있을 때, 악한 영은 합법적인 권리를 가지고 우리를 떠나려 하지 않습니다. 악한 영은 우리에게 두려움을 주는 갖가지 방법을 동원하여 이런 두려움이 마치 성령님 때문에 일어나는 것 같은 혼돈을 일으킵니다. 그러나 이것은 모든 거짓을 동원해 그 사람을 떠나지 않으려는 악한 영의 술책입니다.

따라서 성령을 구했을 때 악한 영이 들어오는 것이 절대 아닙니다. 오히려 나의 혼과 육을 묶고 있던 어두움에 성령님의 빛이 임함으로써 악한 영의 정체가 탄로난 것입니다. 우리는 성령세례를 두려워할 것이 아니라 성령세례를 통해 드러난 죄를 회개하고 성령님으로부터 상처를 치유받아야 합니다. 그래서 다시는 악한 영의 억압을 받지 않도록 해야 합니다.

성령님을 초청하는
실제적 방법
ThankYouHolySpirit

지금까지 성령님과 기름부으심 그리고 그분이 행하시는 일들에 대한 이야기로 아무쪼록 성령님을 사모하는 마음이 당신 안에 싹텄기를 소망합니다.

성령세례를 받는 실제적 방법

이제 성령세례를 받을 수 있는 실제적인 방법을 소개하고자 합니다. 성경말씀과 경험에 비추어 몇 가지 절차에 따라 소개하겠습니다. 간절히 바라는 마음으로 따라오시면, 성령세례를 선물로 받으시리라 확신합니다.(* 물론 이 순서가 절대적인 것은 아닙니다. 개인에 따라서는 일순간에 모든 일이 일어날 수도 있습니다. 순서를 따르다가도 성령님께 강력하게 사로잡히게 되면, 책을 덮고 성령님의 임재를 누리시기 바랍니다.)

1. 동기를 점검한다

그리스도인들이 자주 쓰는 말이 있습니다.

"하나님을 위해서."

"하나님께 영광을 돌리기 위해서."

나는 하나님으로부터 뭔가를 받아 이 땅에서 하나님의 뜻을 이루고자 할 때 가장 중요한 것이 '동기'라고 생각합니다. 그런데 우리가 '하나님을 위해' 구한다고 하지만 사실 그 이면에 숨어 있는 동기는 상당히 오염되어 있는 경우가 많습니다.

> 사람의 영혼은 여호와의 등불이라 사람의 깊은 속을 살피느니라
> _잠 20:27

성령세례를 받게 되면 여러 은사가 나타납니다. 어떤 이들은 이 은사를 기대하고 성령세례를 구합니다. 성령세례를 통해 은사를 주시면 이렇게 저렇게 하나님을 위해 살겠다고 기도합니다. 하지만 이런 간구는 순서상 옳지 않습니다. 우리 내면에 "육신의 정욕과 안목의 정욕과 이생의 자랑"(요일 2:16)이 있을 수 있기 때문입니다. 다시 말하면, 성령세례를 받으려는 동기가 나의 능력과 사역을 확장하기 위한 것일 수 있다는 말입니다.

따라서 나의 의지로 하나님을 위해 일하려 하기보다 성령님이 친히

내 안에 오셔서 하나님의 뜻을 이루어가시도록 하는 것이 가장 중요합니다. 먼저 나 자신을 포기하는 결단을 할 때, 성령님께서 친히 내 안에 오셔서 하나님의 뜻을 이루어가십니다. 그때 예수 그리스도의 사랑과 긍휼이 넘쳐나게 될 것입니다.

그러므로 우리가 정말 성령세례를 받고자 할 때 품어야 할 동기는 첫째, 하나님을 더 알고 더 사랑하고 싶은 마음입니다. 하나님을 더 알고 더 사랑하고자 할 때 나를 버리고 포기할 수 있습니다. 그 다음으로 이 땅에서 하나님의 뜻을 이루고자 하는 마음이 필요합니다. 하나님의 뜻이 이 땅에서 이루어지기 위해서는 그분의 영광이 이 땅에 실제로 나타나야 합니다. 어떻게 나타납니까? 우리를 통해서입니다. 그 일을 위해 우리는 성령세례를 받아야 합니다.

자, 이제 당신에게 묻겠습니다. 당신은 왜 성령세례를 받기 원하십니까?

2. 하나님과 만날 수 있는 조용한 장소로 간다

동기에 대한 점검이 끝났다면, 하나님과 독대(獨對)할 수 있는 조용한 장소로 가십시오. 아무도 방해하지 않는 장소에서, 우선 하나님의 말씀을 몇 장 읽습니다. 예를 들면 다음 말씀들이 성령세례를 구하는 데 아주 유익할 것입니다.

너희 중에 아비 된 자 누가 아들이 생선을 달라 하면 생선 대신에 뱀을 주며 알을 달라 하면 전갈을 주겠느냐 너희가 악할지라도 좋은 것을 자식에게 줄 줄 알거든 하물며 너희 천부께서 구하는 자에게 성령을 주시지 않겠느냐_눅 11:11-13

기록된 바 하나님이 자기를 사랑하는 자들을 위하여 예비하신 모든 것은 눈으로 보지 못하고 귀로도 듣지 못하고 사람의 마음으로도 생각지 못하였다 함과 같으니라 오직 하나님이 성령으로 이것을 우리에게 보이셨으니 성령은 모든 것 곧 하나님의 깊은 것이라도 통달하시느니라 사람의 사정을 사람의 속에 있는 영 외에는 누가 알리요 이와 같이 하나님의 사정도 하나님의 영 외에는 아무도 알지 못하느니라 우리가 세상의 영을 받지 아니하고 오직 하나님께로 온 영을 받았으니 이는 우리로 하여금 하나님께서 우리에게 은혜로 주신 것들을 알게 하려 하심이라_고전 2:9-12

믿음이 없이는 기쁘시게 못하나니 하나님께 나아가는 자는 반드시 그가 계신 것과 또한 그가 자기를 찾는 자들에게 상 주시는 이심을 믿어야 할지니라_히 11:6

성경말씀 그대로, 우리가 믿음으로 나아갈 때 하나님은 자신을 찾는 우리에게 상을 주십니다. 이 진리를 묵상하고 믿으십시오.

3. 회개하고, 성령님을 초청하는 기도를 드린다

하나님의 말씀을 붙들고 믿음으로 나아가며 이렇게 기도해봅시다.

"하나님 아버지, 삼위일체 되신 성부, 성자, 성령 하나님을 지금까지 온전히 알지 못한 것을 회개합니다. 이제부터 성부, 성자, 성령 하나님 모두를 바르게 알게 하시고, 체험하게 하시고, 날마다 교제하게 하옵소서.

하나님 아버지, 만세 전부터 나를 사랑하셔서서 우리 주 예수 그리스도를 이 땅에 보내주신 것을 감사드립니다. 예수님의 십자가를 통해 나의 죄를 사해주시고, 자녀 삼아주시고, 주님과 교제하게 해주셔서 감사합니다. 당신의 뜻을 이 땅에서 나를 통해 이루도록 하신 것 또한 감사드립니다.

지금 이 시간에 우리 주 예수 그리스도의 보혈로 머리끝부터 발끝까지 덮어주셔서 나의 모든 죄를 사해주옵소서. 주의 보좌 앞으로 나아갈 수 있게 하여주옵소서!

주님은 나의 몸이 하나님 아버지의 성령이 거하는 성전(聖殿)이라고 말씀하셨습니다. 이 시간에 성령님을 초청하여, 이제부터는 나 자신이 아니라 성령님이 나를 온전히 인도하시는 삶을 살기 원합니다.

그동안 성령님이 나를 소유하신 것이 아니라 내가 성령님을 소유하고 마음대로 이용했던 것을 회개합니다.

성령님! 이 시간에 나에게 오시옵소서! 내 심령의 한쪽 구석이 아니라 중앙 보좌에 앉으소서. 성령님을 진심으로 초청합니다. 오시옵소서! 내 영혼이 날마다 성령님을 경배하고 교제하기를 원합니다. 나의 영과 혼과 육, 전부를 성령님께 드립니다. 지금 이 시간부터 내 삶을 인도해주옵소서!

예수 그리스도의 이름으로 기도합니다. 아멘."

4. 믿고 기다린다

정말 믿음으로 기도했다면, 그 다음 단계는 성령세례 받을 것을 믿고 기다리는 것입니다.

성령님은 내가 끌어당겨 취할 수 있는 분이 아닙니다. 그분은 우리에게 친히 찾아오십니다. 하나님은 우리에게 성령을 주셔야만 우리가 그리스도인 된 삶을 제대로 살 수 있기 때문에, 우리에게 성령님을 보내주시기를 누구보다 원하십니다.

그러므로 우리가 온전한 믿음으로 하나님 앞에 나아갔다면, 이제 우리가 해야 할 일은 그저 믿고 기다리는 것입니다. 현대인들이 가장 어려워하고 힘들어 하는 것이 아무 행위도 하지 않고 그냥 기다리는 일입니다. 열심히 생각하고 일하고 추구하는 것보다 단순한 기다림이 훨씬 더 어렵게 느껴지는 것입니다.

우리는 세상에 살면서 느끼고 생각하는 훈련을 받아왔습니다. 성령세례를 받을 때도 뭔가 자신의 오감으로 느낄 수 있기를 원합니다. 물론 사람에 따라서 몸으로 느낄 수 있는 일들이 일어날 수 있습니다. 그러나 그런 일들은 어디까지나 성령님이 임재하신 결과로 나타난 현상이지, 성령님 그 자체는 아닙니다.

성령님의 임재하심은 우리가 오직 믿음으로 받는 것입니다. 인식할 수 있고 이해할 수 있는 현상을 발견하는 데만 생각을 집중하고 있다면, 성령님은 오시지 않습니다. 자꾸 자신의 느낌에만 집중한다면 하나님과 진정한 교제를 할 수 없습니다. 영이신 하나님을 우리의 혼과 육으로 느끼기 위해 일부러 노력하지 마세요. 그저 마음문을 열고 믿음으로 기다리십시오.

5. 성령세례를 누린다

성령님을 초청하고 그분이 오시기를 잠시 기다렸다면, 이제는 성령세례를 받았음을 믿고 그것을 누리시기 바랍니다.

> 무엇이든지 기도하고 구하는 것은 받은 줄로 믿으라 그리하면 너희에게 그대로 되리라_막 11:24

대부분의 경우, 성령님께서 임재하신 결과 여러 현상들이 나타날 것입니다. 하나님의 사랑과 자비가 자신의 온몸을 솜털처럼 가득히 덮는 것이 느껴지거나, 온몸에 전기가 오는 듯한 느낌이 들 수도 있습니다. 갑자기 눈물이 나거나 몸이 뜨거워질 수도 있습니다. 사람마다 다양한 현상을 경험하게 될 것입니다.

그러나 다시 말하지만, 이런 현상이 없다고 해서 성령세례를 받지 못했다고 생각해서는 안 됩니다. 성령세례는 믿음으로 시작해서 믿음으로 끝난다고 해도 과언이 아닙니다. 자신의 느낌이나 특별한 체험 그 자체는 결코 성령님이 아님을 기억하십시오.

'아무 일도 일어나지 않았으니까 난 성령세례 못 받은 거야!'

이 말은 스스로 속이는 거짓말입니다. 다시 한번 말하지만, 성령님은 우리의 심령에 찾아오시기 때문에, 그분의 임재는 우리가 느낄 수 있는 어떤 상태가 아닙니다. 오직 믿음으로 그분의 임재를 누릴 수 있습니다. 믿음으로 초청한 성령님께서 임재하신 결과로 우리가 지각(知覺)할 수 있는 어떤 현상들이 나타날 수 있습니다. 이 현상은 성령의 나타남에 따른 현상이지, 성령님 그 자체는 아닙니다.

주님의 임재는 오직 믿음으로 이루어지는 것입니다. 예수님은 분명히 구하고 받은 줄로 믿으면, 실제로 그렇게 되리라고 말씀하셨습니다.

6. 성령님께 감사드린다

체험이 있든지 없든지 간에 성령세례를 받은 줄로 믿는다면, 이제는 성령님이 내 안에 오신 것을 감사하고 그분과 교제를 나누어야 합니다.

그분께 감사하는 기도를 드리세요.

"성령님, 감사합니다! 내 안에 오셔서 정말 기쁩니다. 성령님을 존귀하게 여기고 사랑하고 더 친밀해지기를 원합니다. 날마다 순간마다 성령님과 교제하기를 원합니다. 예수 그리스도의 이름으로 기도합니다. 아멘."

7. 하나님과 지속적으로 교제한다

사랑하는 이성(異性)과 교제할 때는 둘 사이에 즐거운 대화가 끊이지 않습니다. 하나님과 영적인 교제를 하기 위해서는 그분과 늘 대화해야 합니다. 이 대화에 유용하게 쓰이는 도구가 '방언' 입니다. 방언은 우리가 영으로 하나님께 드리는 말입니다.

> 방언을 말하는 자는 사람에게 하지 아니하고 하나님께 하나니 이는 알아듣는 자가 없고 그 영으로 비밀을 말함이니라 _고전 14:2

사람에 따라서 성령님이 강하게 임하실 때, 자기도 모르게 방언이 튀어나올 수 있습니다. 하지만 성령세례를 받는 동안 갑자기 방언이 나오지 않았다고 해도, 방언을 시작할 수 있습니다. 입을 열어 소리를 내세요. 머릿속으로 문장을 생각해서 말하라는 것이 아닙니다. 그저 입을 열어 내 안에서 우러나오는 대로 하나님을 향한 북받치는 사랑을 소리로 표현하세요. 그 사랑을 따라 아무 소리나 내기 시작할 때, 하나님께서 방언을 은사로 주시는 것을 아주 많이 보았습니다.

이런 경우 처음에는 대부분 혀가 꼬입니다. 그럴 때 두려워하지 마시고, 그냥 나오는 대로 계속 두시면 그때부터 하나님과 새로운 영적 교제를 시작하실 수 있습니다.

그러나 한 가지 밝히고 싶은 것은, 방언이 은사라는 점입니다. 하나님께서 주권적으로 주시는 선물이라는 말입니다. 그러니까 하나님께서 방언을 주시지 않을 수도 있습니다.

이때 악한 영이 우리를 공격해올 것입니다.

"방언도 안 나오고. 그럼 그렇지! 너는 성령충만 받은 것이 아니야!"

만약 이런 생각이 든다고 해도, 절대로 악한 영의 정죄에 귀 기울이지 마십시오. 당신은 방언과 상관없이 이미 하나님의 자녀이고, 하나님은 당신을 사랑하십니다. 하나님은 당신에게 이미 성령을 주셨습니다. 방언을 못한다고 해서 성령세례를 못 받은 것이 결코 아닙니다.

방언보다 더 중요한 것은, 성령세례를 받은 후 '삶의 변화' 입니다. 이제 삶의 모든 영역에서 성령님의 인도하심을 받을 수 있도록 그분께 당신의 삶의 주도권을 내드리세요. 내드리는 만큼 성령님께서 지혜와 권세와 능력을 주실 것입니다.

만일 우리가 성령으로 살면 또한 성령으로 행할지니_갈 5:25

8. 그 외 다른 방법

지금까지 소개한 것은 성령세례를 사모하여 개인적으로 간구할 때 따를 수 있는 방법이었습니다. 만약 이 방법을 따랐는데도 성령세례를 받았다는 확신이 들지 않는다면, 성령세례에 대한 잘못된 선입견이 아직 남아 있는 것은 아닌지, 동기가 순수하지 못한 것은 아닌지 다시 한 번 점검해보시기 바랍니다. 그리고 마음의 준비가 되었을 때, 다시 조용한 장소로 가서 기도하기 바랍니다.

이 밖에 성령세례는 기름부으심을 받은 자로부터 안수기도를 받거나 집회를 통해서도 받을 수 있습니다.

> 바울이 그들에게 안수하매 성령이 그들에게 임하시므로 방언도 하고 예언도 하니 _행 19:6

> 베드로가 이 말 할 때에 성령이 말씀 듣는 모든 사람에게 내려오시니 _행 10:44

나의 경우, 지금까지 성령세례를 받기 원하는 많은 사람들에게 안수기도 하여 성령세례를 받게 하였습니다. 또 매주 인도하고 있는 월요치유집회에서는 성도들이 다함께 성령님을 초청하여 성령세례 혹은 성령 충만한 경험을 하고 있습니다. 당신의 교회에서 영적인 멘토에게 도움을 청하여 함께 기도하거나 교회의 집회에서 다른 성도들과 함께 성령님을 초청하시기 바랍니다.

성령님의 임재 안에 거하는 방법

성령님이 강력하게 임하시면 우리는 하나님의 임재 안에 있게 됩니다. 그러나 하나님의 임재는 하나님의 기름부으심과 동일한 것이 아닙니다. 하나님의 임재는 그분의 영광, 그분의 인격을 가리키는 반면에, 기름부으심은 그분의 능력입니다.

우리는 무엇보다 그분의 임재 안에서 안식할 것을 갈망해야 합니다. 다윗처럼 날마다 그분의 임재 가운데 거하는 삶을 살아야 합니다.

> 하나님이여 주는 나의 하나님이시라 내가 간절히 주를 찾되 물이 없어 마르고 곤핍한 땅에서 내 영혼이 주를 갈망하며 내 육체가 주를 앙모하나이다 내가 주의 권능과 영광을 보려 하여 이와 같이 성소에서 주를 바라보았나이다 주의 인자가 생명보다 나으므로 내 입술이 주를 찬양할 것이라 이러므로 내 평생에 주를 송축하며 주의 이름으로 인하여 내 손을 들리이다 골수와 기름진 것을 먹음과 같이 내 영혼이 만족할 것이라 내 입이 기쁜 입술로 주를 찬송하되 내가 나의 침상에서 주를 기억하며 밤중에 주를 묵상할 때에 하오리니 주는 나의 도움이 되셨음이라 내가 주의 날개 그늘에서 즐거

이 부르리이다_시 63:1-7

내가 여호와께 청하였던 한 가지 일 곧 그것을 구하리니 곧 나로
내 생전에 여호와의 집에 거하여 여호와의 아름다움을 앙망하며
그 전에서 사모하게 하실 것이라_시 27:4

하나님의 영광의 임재는 물리적인 육체에 현시(顯示)되지 않습니다. 하나님의 영광은 육의 영역에서 느끼거나 경험되는 것이 아닌 인간의 영적 영역인 심령에 현시되는 것이기 때문입니다. 따라서 하나님의 영광의 임재를 위해서는 오직 믿음으로 그분을 인정해야 합니다. 오감(五感)으로 아무것도 느낄 수 없다고 해도 우리 안에 그분의 영광이 함께하신 것을 믿어야 합니다. 그리고 그분과 믿음의 교제를 나누어야 합니다.

그분의 임재 가운데 안식할 때 그분의 사랑이 흘러들어오며, 치유가 일어나며, 그분의 말씀을 들을 수 있으며, 새 비전이 생겨납니다. 또 매일 열심히 일하면서 피곤해진 영, 혼, 육의 각 부분들이 하나님의 임재 가운데 안식하는 동안 새롭게 조율됩니다. 하나님의 임재 가운데 거할 때 비로소 하나님의 영이 우리의 혼과 육을 다스리십니다. 이 경우에, 우리의 혼과 육에 다양한 현상들이 나타날 수 있습니다. 또 숨긴 모든 생각과 감정을 성령의 조명 아래 하나님께 온전히 드러내놓고 그분의 말씀에 따라 새롭게 될 때, 비로소 성령의 열매를 맺게 될 것입니다.

지존자의 은밀한 곳에 거하는 자는 전능하신 자의 그늘 아래 거하리로다 내가 여호와를 가리켜 말하기를 저는 나의 피난처요 나의 요새요 나의 의뢰하는 하나님이라 하리니 _시 91:1,2

너희가 육신대로 살면 반드시 죽을 것이로되 영으로써 몸의 행실을 죽이면 살리니 _롬 8:13

사람의 영혼은 여호와의 등불이라 사람의 깊은 속을 살피느니라 _잠 20:27

우리 산 자가 항상 예수를 위하여 죽음에 넘기움은 예수의 생명이 또한 우리 죽을 육체에 나타나게 하려 함이니라 _고후 4:11

오직 성령의 열매는 사랑과 희락과 화평과 오래 참음과 자비와 양선과 충성과 온유와 절제니 이 같은 것을 금지할 법이 없느니라 _갈 5:22,23

모든 생각과 감정을 내려놓으십시오. 조용한 목소리로 성령님을 초청하십시오. 믿음으로 그분의 영광을 바라보십시오. 그분의 임재 가운데 당신의 영, 혼, 육을 자유롭게 해달라고 마음으로 기도하십시오. 그리고 그분에게 당신을 맡기고 안식하십시오.

그 무엇도 자의적으로 생각하거나 감정을 느끼거나 행동하지 마십시오. 아무 일도 일어나지 않더라도 만족하십시오. 조만간 그분이 찾아오셔서 당신을 어루만지실 것입니다. 안식이란, 말 그대로 그분 안에서 쉬는 것입니다. 그리고 그분에 의해 그분의 마음을 나누는 것입니다.

기름부으심을 받는 실제적 방법

기름부으심을 제대로 이해하기 위해서는 다음 말씀을 정확히 알아야 합니다. 성경에는 성령님이 임하신 후에 권능을 받을 것이라고 기록되어 있습니다.

> 오직 성령이 너희에게 임하시면 너희가 권능을 받고 예루살렘과 온 유대와 사마리아와 땅 끝까지 이르러 내 증인이 되리라 하시니라
>
> _행 1:8

우리가 반드시 알아야 할 진리는 하나님의 영광이 없이는 하나님의 능력을 가질 수 없다는 사실입니다. 그러나 그분의 영광의 임재 안에 안식하지 않고 단지 그분의 능력만을 추구할 수도 있습니다. 흔히, 기름부으심이 임하여 많은 사역을 감당하지만 실제 그 사람의 성품이나 행동을 보면 전혀 하나님의 사람처럼 보이지 않는 경우, 은사는 있는데 성령

의 열매가 없는 경우를 말합니다. 바로 그런 경우가 하나님의 영광의 임재 안에 안식하는 교제 없이 단지 사역을 위해 능력만을 구한 경우입니다. 대부분 이런 능력은 오히려 자신을 파괴하고, 다른 사람들에게 성령의 역사를 왜곡하는 결과를 초래합니다.

하나님께 온전히 쓰임받기 위해서는 날마다 성령의 임재 안에서 그분과 교제해야 합니다.

> 새벽 오히려 미명에 예수께서 일어나 나가 한적한 곳으로 가사 거기서 기도하시더니_막 1:35

동시에 기름부으심을 구해야 합니다. 그러나 자신의 사역을 위해서가 아니라, 하나님이 주시는 거룩한 부담감과 사람들을 향한 하나님의 사랑과 긍휼에 기초하여 하나님의 권능이 나타나기를 구해야 합니다. 즉, 자신을 포기하며, 하나님의 능력이 바로 그 시간 그 장소에 실체로 나타나기를 구하는 것입니다. 이 기름부으심의 정도는 하나님과의 친밀함에 비례합니다.

> 너희 안에서 행하시는 이는 하나님이시니 자기의 기쁘신 뜻을 위하여 너희로 소원을 두고 행하게 하시나니_빌 2:13

> 온 무리가 예수를 만지려고 힘쓰니 이는 능력이 예수께로 나서 모든 사람을 낫게 함이러라_눅 6:19

> 내 말과 내 전도함이 지혜의 권하는 말로 하지 아니하고 다만 성령의 나타남과 능력으로 하여_고전 2:4

하나님의 영광의 임재는 우리의 심령에 임하는 것입니다. 그 영광의 임재 가운데 안식하는 것은 그분이 우리의 혼과 육을 다스리는 것이고(성령의 내적 열매), 기름부으심은 우리의 혼과 육을 통해 이 땅에 실체로 나타나는 것입니다(성령의 외적 열매인 은사).

다시 한 번 강조하지만, 하나님과 새로운 교제를 시작하기 위해서는 하나님의 영광의 임재 안에 들어가야 합니다. 그것은 오직 믿음으로만 가능합니다. 너무나 많은 사람들이 하나님의 임재를 자신의 육체에 나타나는 현상(manifestation)으로 느끼려고 합니다. 그러나 하나님의 임재는 혼과 육으로는 결코 느낄 수 없다는 사실을 알아야 합니다.

믿음으로 그분의 영광을 모시고, 그분 안에서 안식을 누리며 교제하는 자는 기름부으심을 위해 간절히 기도해야 합니다. 왜냐하면, 하나님 나라는 말에 있는 것이 아니라 능력에 있기 때문입니다.

> 제자들이 나가 두루 전파할 새 주께서 함께 역사하사 그 따르는 표

> 적으로 말씀을 확실히 증거하시니라 _막 16:20

즉, 자신을 통해 주님의 권능이 실체적으로 이 땅에 나타나도록 자아를 죽이는 훈련을 해야 합니다. 물론 앞서 언급한 거룩한 부담감과 하나님의 사랑과 긍휼이 기름부으심의 기초입니다. 이 훈련은 일정한 지침이나 차례가 있는 것이 아니라, 순간순간의 삶과 사역을 통한 실제적인 훈련입니다. 한마디로 성령님과의 교제가 내 계획표의 일부분이 아닌 전부가 되도록 드리는 훈련입니다. 몇 시부터 몇 시까지 성경공부, QT, 기도하는 시간을 따로 떼어놓고 지키는 것이 아니라, 모든 일을 성령 안에서 시작해서 성령 안에서 듣고 말하며 행하고 이루는 것입니다.

> 만일 우리가 성령으로 살면 또한 성령으로 행할지니 _갈 5:25

모든 일과 장소에 성령님의 나타나심과 주권을 인정하십시오. 성령님이 지금 이 장소에 나와 함께하신다는 사실을 믿으십시오. 내 생각과 감정을 포기하고 그분이 나타나시도록 전심으로 기도하십시오. 심령 깊은 곳에서 그분이 나에게 주시는 감동에 따라 순종하십시오. 그분의 나타나심을 감사하고 경배하십시오.

충성하는
사도 바울의 삶
ThankYouHolySpirit

　　　　　내 삶 가운데는 사도행전 29장이 지금도 계속되고 있습니다. 2007년 2월, 나는 월요치유집회 팀원 열댓 명을 이끌고 인천국제공항으로 갔습니다. 《팔복》의 저자인 김우현 감독과 함께 일본 중부에 있는 나가노 현(縣)에 가기 위해서입니다.

　김 감독과 친분이 있는 각계 각처 사람들이 공항에 하나둘씩 모여들었습니다. 나의 일행과 김 감독 일행을 합쳐 50명은 되는 것 같았습니다. 평양과학기술대학 설립부총장인 정진호 교수, 대중가요 가수로도 활동했던 CCM 사역자 이무하 강도사도 왔고, 김 감독을 형이라 부르는 젊은 청년들도 여럿 와 있었습니다. 규장 출판사의 여진구 대표도 그날 처음 만나 서로 인사를 나누었습니다.

　이렇게 시끌벅적하게 한자리에 모여 비행기 탑승을 기다리고 있지만, 사실 우리 가운데 어느 누구도 자신이 지금 왜 이 공항에 나와 있는지 정확히 아는 사람이 없었습니다. 모두들 나와 김 감독의 권유를 받고 이유도 모른 채 하나님께 기도해본 결과, "가라!"라는 감동을 받고 여기 이곳에 모인 것이었습니다.

국제 결혼 축하 원정대

2005년 미국에서 안식년을 보낼 때, 처음으로 김우현 감독의 이름을 들었습니다. 교회에서 누군가가 《팔복 1 가난한 자는 복이 있나니》 동영상 이야기를 하며 김 감독의 이름을 언급했던 것으로 기억합니다. 그러다가 그런 분이 있나보다 하고 잊었는데 한국에 돌아와 다시 월요치유집회를 인도할 때, 언뜻 그 감독이 우리 집회를 촬영하고 싶어 한다는 말을 다른 사람을 통해 듣게 되었습니다. 집회 중 카메라를 들이대면 참석자들에게 방해가 될 것 같았으나 성령님에 대한 영상을 만들고 싶어 한다는 말에 김 감독을 초청했고 그 촬영 이후, 나와 김 감독은 성령님 안에서 서로 교제하기 시작했습니다.

그러다 2006년 9월 어느 날, 그가 갑자기 추석 연휴에 일본에 같이 가자고 말했습니다. 지난 봄 일본 나가노에 사는 한국인 자매가 《팔복》 책과 영상을 보고 편지를 보내왔는데, 그곳을 방문하여 그녀와 한국인 친구들에게 말씀을 전하고 신앙을 격려해주었으면 좋겠다는 것이었습니다.

나는 그 제안에 선뜻 그러겠다고 대답했습니다. 약속한 날이 되어 휴가 겸 가족과 함께 즐거운 마음으로 일본 여행길에 올랐습니다. 그것이 김 감독과 동행한 첫 번째 일본 여행이었습니다.

그런데 동경 공항에 도착해서 차를 타고 나가노로 들어가는 길에 그곳 선교사로부터 뜻밖의 이야기를 들었습니다. 그 한국인 자매들이 술집에 다니고 있다는 것이었습니다. 게다가 나가노에는 그런 일을 하는 여성이 400명이나 된다고 했습니다.

'아! 이거 잘못 왔구나.'

그때부터 여행에 대한 기대와 즐거움이 싹 사라졌습니다. 그 사실을 알고 나는 몹시 당황했습니다.

"제가 그런 분들에게 무슨 설교를 할 수 있겠습니까?"

전혀 예상치 못한 일로 두려움이 몰려왔고 가슴이 무겁고 답답해졌습니다. 그래도 이곳까지 나를 이끄신 데는 분명 하나님의 뜻이 있을 것 같아 순종하며 기도로 준비하기로 했습니다.

나가노에 도착한 첫날 숙소에서 그리고 다음날 교회에서 말씀을 전하기까지 솔직히 얼마나 마음을 졸였는지 모릅니다. 그 자매들의 삶을 제대로 이해하지 못하는 상황에서 혹시 말씀을 잘못 전하여 오히려 자매들의 마음을 더 어렵게 할까봐, 그리고 내가 그들에게 해줄 수 있는 게 없는 것 같아서 정말 고민스러웠지요.

하지만 이런 고민을 내려놓고 '주님, 그냥 주시는 대로 말씀을 전하겠습니다' 하고 마음속으로 기도하고 앞으로 나갔습니다. 하나님께서는 자매들에게 필요한 말씀을 내 입술에 부어주셨고 은혜 가운데 집회를 인도해가셨습니다.

그리고 몇 달 후 나가노에서 편지를 보냈던 자매가 일본인 형제와 결혼식을 한다고, 김 감독과 나를 초대했는데, 결국에는 50명이나 되는 하객들이 한 비행기를 타고 일본을 향해 날아오르게 된 것입니다.

우리는 모두 자신이 왜 그 결혼식에 가야 하는지 정확하게 알지 못했습니다. 그냥 하나님께서 가기를 원하신다는 단순한 믿음으로 순종하며 따라 나섰습니다. 나는 한 번 다녀왔으니까 그렇고, 우리 일행 중에는 거의 대부분 결혼한다는 자매의 얼굴도 몰랐습니다. 이유도 모르고 무작정 성령님이 이끄시는 대로 가는 것이었습니다.

"국제 도박단은 있어도, 국제 묻지마 결혼 축하 원정대는 우리가 처음일 거예요."

"하하하하."

내가 이렇게 농담하자 모두들 웃었습니다. 세상적인 눈으로 보면 가장 낮은 사람이라고 할 수 있는, 얼굴도 모르는 한 자매를 위해, 50명이나 되는 사람들이 자비(自費)로 외국까지 가서 결혼 축하를 해주는 일이 세상에 또 어디 있겠습니까.

나가노로 부르신 이유

나가노에 도착한 다음 날, 현지에서 집회를 열었습니다. 밤에는 결혼 축하 원정대의 리더들이라고 할 수 있는 몇몇 사람들만 따로 숙소에 모여서 성령님 안에서 교제를 나누며 조촐하지만 뜨거운 기도회를 가졌습니다.

그 다음 날, 자매의 결혼식이 있었습니다. 그 도시의 전통과 완전히 다르게 하나님 안에서 순결한 동고동락(同苦同樂)을 약속하는 결혼식 풍경은 정말 아름다웠습니다. 신부의 얼굴도 모르면서 한국으로부터 날아온 축하객들이 시종일관 결혼식에 필요한 모든 것들을 책임졌고, 그 부부를 축복해주었습니다.

나는 그 결혼식을 보면서 결혼식에 참석한 우리 50여 명이, 하나님께서 인간을 사랑하시는 그 모습 그대로를, 그 자매 한 사람에게 실증적으로 보여주고 있다는 생각이 들었습니다. 하나님께서는 우리 한 사람 한 사람을 사랑하셔서 우리에게 필요한 모든 것들을 공급하시고 사랑해주십니다. 하나님께서는 특히 지극히 작은 자를 향해 크고 넘치는 사랑을 가지고 계십니다. 우리도 모르는 사이에 우리는 자매에게 그 하나님의 사랑을 대역(代役)하고 있었습니다. 한 인간을 위해 하나님께서 어떤 일을 하시는지, 또 그분께서 한 사람 한 사람을 얼마나 사랑하시는지 깨닫자 모두 엄청난 감동을 느꼈습니다.

그날 오후에도 집회를 열었습니다. 성령님께서 능력을 부어주셔서 아픈 사람들이 치유되고, 귀신들이 떠나가는 놀라운 일들이 일어났습니다. 참석한 사람들 가운데 일본 선교에 헌신하기로 결단한 사람까지 나와 무척 감사했습니다.

밤에 숙소에 돌아와 리더들이 다시 모였습니다. 그날 있었던 일들을 서로 나누며 하나님께 감사하는 시간을 가졌습니다. 그런데 김우현 감독이 내게 이렇게 청했습니다.

"손 장로님도 같이 계시니 장로님께서 저희에게 기도해주시면 좋을 것 같습니다."

그래서 안수기도를 시작했습니다. 그중 정진호 교수는 서울에서 올 때부터 다리가 불편하다고 하기에 치유기도를 해주었습니다. 그런데 김우현 감독이 규장의 여진구 대표를 가리키며 말했습니다.

"장로님, 저 분이 아직 방언을 못합니다. 방언 받을 수 있도록 기도해 주세요."

그 당시 나는 규장 출판사에 대해 자세히 알지 못했습니다. 하지만 한 회사의 CEO인 그의 위치와 영향력을 생각해볼 때, 방언뿐만 아니라 성령세례와 기름부으심이 함께 임해 하나님의 귀한 일꾼으로 쓰임 받게 되기를 원했습니다. 안수기도를 하자 성령님께서 즉시 임재하셨고 그는 곧 성령세례와 방언을 함께 받았습니다. 나는 내게서 기름부으심이 흘러가는 것을 느낄 수 있었습니다. 감격해 하는 그에게 이 말 한마디를 덧붙였습니다.

"기름부으심을 꼭 흘려보내십시오."

사역을 넓히시는 성령님

서울에 돌아와서 사람들의 말이나 매스컴을 통해 규장이 기독교 출판사들 가운데 매우 영향력 있는 출판사라는 것을 뒤늦게 알았습니다. 성령님께 사로잡힌 여 대표는 밝은 목소리로 전화 연락을 주었습니다. 그러다가 아주 놀랍고 기쁜 소식을 듣게 되었습니다. 바로 규장 전 직원에게 성령님의 기름부으심이 흘러들어가고 있다는 소식이었습니다.

이야기인즉, 여 대표가 나가노에서 기름부으심을 받고 회사로 돌아가서, 전 직원들 앞에서 그동안 자신의 이성과 지성만을 믿고 성령님을 제한했던 것을 공개적으로 회개했다고 합니다. 그리고 앞으로 기름부으심을 흘려보내겠다고 선포했다는 것입니다. 그 후 규장의 전 직원들은 물론, 규장의 자매회사인 기독교 인터넷 포털사이트 갓피플닷컴www.Godpeople.com의 전 직원이 방언과 성령세례를 받았다고 했습니다. 나는 감격하여 "할렐루야!"라고 소리쳤습니다.

처음에는 왜 그래야 하는지 이유도 모른 채 단지 성령님의 부르심에 대한 작은 순종으로 한 자매의 결혼을 축하해주었던 이 일을 통해서, 일본을 향한 놀라운 선교의 비전과 성령님의 나타나심이 계속 이어지고 있습니다. 또 한 사람 한 사람을 향한 하나님의 사랑을 실제적으로 깨닫게 된 것, 하나님을 위해 일하는 각계 각처의 사람들을 만나 교류하게 된 것, 그리고 그들과의 만남을 통해 하나님께서 기뻐하시는 사역을 확장해가게 된 것은 내게 너무나 큰 축복입니다.

이 책도 여진구 대표가 회사에서 일어나는 일로 큰 은혜를 받고 강권하기에 쓰게 된 것입니다. 아무쪼록 이 책을 통해서 많은 사람들이 성령님을 진정으로 만나게 되기를 소원합니다.

평신도 사역자를 위한 기름부으심

이제 규장과 갓피플닷컴의 전 직원 모두는 나와 성령님 안에서 한 식구요 친구입니다. 회사의 CEO 한 사람을 통해 성령님의 기름부으심이 전 직원에게 흘러들어가고, 이제는 그 직원들이 책을 통해서, 또 관리하고 기획하는 인터넷 공간으로 많은 크리스천들에게 기름부으심을 흘려보내고 있다니, 얼마나 놀랍고 기쁘기 그지없는지 모릅니다.

기름부으심은 이렇게 흘러가는 것입니다. 주님은 교회에 세우신 목회자들을 통해서도 일하시지만, 직장에서 사명을 감당하는 평신도들을 통해서도 일하십니다. 사회에서 영향력 있는 평신도가 성령님을 만나 그분께 붙들려 살기로 결단하고 그 기름부으심을 다른 동료 직원들에게 흘려보낼 때, 일터 자체가 거룩한 하나님의 나라가 되는 것입니다.

규장과 갓피플닷컴의 직원들이 기름부으심을 받은 후, 자신들의 가족과 교회에 성령님을 알리고 교회 지체들을 섬기는 일에 더욱 열심히 헌신하고 있다니, 사회를 통해 다시 교회로 기름부으심을 흘려보내시는 하나님의 놀라우신 전략을 더욱 확실히 깨닫습니다. 하나님이 나에게 주신 소명이 규장과 갓피플닷컴을 통해 증명된 셈입니다.

여진구 대표뿐만 아니라 정진호 교수와 김우현 감독을 통해서도 기름 부으심이 계속 흘러가고 있습니다. 정진호 교수의 경우, 서울과 중국, 평양을 오가는 그의 사역을 통해 기름부으심이 평양과기대까지 흘러가고 있습니다. 그가 다니며 집회하는 전 세계 수많은 교회에도 그 기름부으심이 흘러가고 있습니다. 할렐루야!

하나님께서는 또 김우현 감독을 세우셔서 놀랍게 사용하고 있습니다. 그는 한 영혼을 사랑하시는 아버지의 사랑을 품고 열방을 다니며 주(主)의 마음을 전하고 있습니다. 수많은 사람들에게 하늘의 언어인 방언의 은사를 나누고 있습니다. 또한 코리언 디아스포라(Korean Diaspora)의 연합을 통한 부흥과 하나님나라를 꿈꾸고 있습니다. 그가 가는 곳에 하나님이 함께하시며 하나님의 사람들이 모이고 있습니다.

이런 성령님의 역사를 보면서, '세상이 변하는 방식이 바로 이런 방식이다!' 라는 생각이 들었습니다. 한마디로 말하자면, 베드로가 아닌 사도 바울을 통해 세상에 더 큰 변화가 일어날 수 있다는 말입니다.

지금까지 한국 교회는 주로 '베드로 유형'만을 양성해왔습니다. 베드로는 예수님의 공생애 초기부터 제자로 선택되어 예수님 안에서 성장했습니다. 크리스천 가운데도 어렸을 때부터 교회에 열심히 다니며 예수님을 사랑하고 그분을 위해 헌신해온 이들이 있습니다. 저는 이런 이들을 '베드로 유형'이라 부르고 싶습니다.

베드로 유형은 성장해서 주로 전도사님이나 목사님이 됩니다. 하나님께서는 이런 분들의 헌신을 기뻐하십니다. 그러나 이 분들은 평신도와는 다른 소명을 갖게 되며, 교회를 바꾸는 데는 쓰임 받지만, 세상에서는 권세가 없으므로 사회를 바꾸는 사명을 감당하기는 어렵습니다.

그러나 바울은 부르심을 받기 전에, 이미 사회적으로 상당한 지위와 권세를 가지고 있었습니다. 바울처럼 이 시대에 사회적인 영향력을 가진 사람들이 성령님께 붙들린다면 그 영향력이 어디에 미치겠습니까? 바로 그가 활동하고 있는 세상을 변화시키지 않겠습니까? 이 '바울 유형'의 사람들이 자신에게 맡겨진 사람들과 일터를 하나님나라로 바꾸는 데 쓰임 받을 수 있습니다.

세상이 바뀌려면 바울 유형이 많아야 한다고 생각합니다. 교회 밖에서 영향력을 가진 사람이 성령님에 의해 변화될 때, 그가 속한 사회는 물론 교회 안까지 그 기름부으심이 흘러들어갑니다. 이런 의미에서 평신도 사역자의 사명은 막중합니다.

평신도 사역자에게 기름부으심을 흘려보내는 일은 내게 하나의 사명이자 성령님께서 주신 비전입니다. 이 책을 읽는 당신도 성령님의 기름부으심을 받고 가정과 직장, 사회에 기름부으심을 흘려보내는 사람이 되기를 기도합니다.

성령님이 주신
더 큰 비전
ThankYouHolySpirit

월요치유집회에는 매주 3천 명 가량의 성도가 참석합니다. 그들 가운데는 서울이 아닌 먼 지역에서 온 분들도 있고, 정말 가누기 어려운 몸을 이끌고 온 환자들도 있습니다.

월요치유집회는 나에게 말할 수 없는 기쁨도 주지만 커다란 슬픔을 안겨주기도 합니다. 기쁨을 느끼는 것은 하나님의 임재와 그분의 역사를 보기 때문이고, 슬픔을 느끼는 것은 그럼에도 불구하고 성도들 가운데 치유받지 못하고 집으로 돌아가시는 분들이 있기 때문입니다.

집회 후에 내 마음속에는 늘 '하나님, 왜입니까?' 라는 질문이 끊이지 않습니다. 내가 보기에 너무 딱해서 '주님, 다른 사람은 몰라도 저 사람만은 꼭 고쳐주셔야 합니다' 라고 기도한 사람이 치유되지 못하는 경우도 많기 때문입니다.

'하나님, 왜입니까?'

이 질문은 내가 교만해지지 않으며, 하나님의 깊은 비밀을 날마다 더 알아가게 하는 원동력입니다.

하나님이 주신 꿈

집회에 참석한 분들은 대부분 나나 우리 스태프들에게 직접 안수기도를 받기 원하지만, 시간상의 이유로 일일이 다 기도해줄 수 없을 때 참으로 안타깝습니다.

어떤 사람은 마음이나 육체의 병이 너무 심각해서 더 오래 기도해주어야 하지만, 기도해주어야 할 사람이 몇 백 명이나 기다리고 있는데 그 사람만 붙들고 기도할 수 없어서 기도를 빨리 마무리해야 하는 현실 앞에 나는 마음이 아픕니다.

집회에 참석한 분들께 집회에서 기도받는 것이 전부는 아니라고, 집에 돌아가서도 본인이 스스로 선포기도 하며 병이 낫도록 성령님을 의지해야 한다고 말씀드리지만, 그 분들이 집으로 돌아가는 뒷모습을 보고 있으면 참으로 안쓰럽습니다.

특별히, 암이나 정신질환 그리고 우울증은 대부분 한 번의 기도로 치유되지 않습니다. 가끔 집회에 참석한 성도가 소천(召天)하거나 심한 우울증으로 자살했다는 소식을 들을 때마다 나는 가슴이 미어집니다. 영혼들의 아픔을 보면 내 마음에 하나님의 말할 수 없는 고통이 느껴지기 때문입니다.

내가 '하나님! 사람들을 어떻게 지속적으로 도울 수 있습니까?'라고 기도하자 하나님께서는 내게 놀라운 비전을 주셨습니다.

서울 시내에 500명에서 1천 명이 들어갈 수 있는 치유 센터(healing center)를 만드는 것입니다. 나는 이 치유 센터에서 정기적으로 더 자주 치유 사역을 하고자 합니다. 이 치유 센터는 섬기는 분들이 항시 대기하고 있다가 그곳을 찾아오는 사람들에게 개인적으로 지속적인 상담도 해주고 적절한 기도도 해주는 그런 곳입니다. 또 교대로 중보하는 팀들이 있고, 예배를 인도하는 팀들이 있어서, 누구라도 와서 언제든지 하나님을 찬양하고 경배할 수 있는 곳입니다.

치유기도를 받기 원하는 사람들은 대부분 외떨어진 기도원을 찾아갑니다. 건전한 기도원이 대부분이지만 간혹 어떤 기도원에서는 병 치유를 위해 돈을 강요하기도 하고, 병든 자를 고친다며 이상한 시술을 해서 오히려 몸을 상하게 만들기도 합니다. 좋은 기도원들도 많은데, 기도원이라고 하면 광신도들이 모이는 곳으로 오해하는 시선까지 있어서 좀처럼 활성화되지 못하는 상황입니다.

그래서 나는 서울 시내에, 누구라도 언제든지 와서 하나님을 경배하고 찬양하고, 하나님의 임재를 경험하고, 병 고침을 받을 수 있는 치유 센터가 있어야 한다고 생각합니다. 마치 우리가 피곤할 때 들르는 사우나나 찜질방처럼 누구든지 쉽게 오가며 쉼과 회복을 얻을 수 있는 공간을 꿈꿉니다. 세상에 육신의 질병과 정신적 고통을 치료해주는 각종 병원과 응급실이 있는 것처럼 언제든지 영혼의 곤고함과 피로를 회복할 수 있는 장소나 시설이 꼭 필요합니다.

나는 치유 센터 주위에 에덴동산과 같은 정원도 만들고 싶습니다. 그래서 성도들이 주일에 한 번이 아니라 영적으로 곤비할 때 언제든지 치유 센터에 와서 안식하고 새롭게 충전되어 일터로 나가기를 소원합니다. 자신에게 맡겨주신 하나님나라를 새롭게 하기 위해서 말입니다.

하나님께 그런 치유 센터를 주시기를 기도하고 있습니다. 그런데 하나님께서 최근 들어 나에게 더 큰 꿈을 부어주셨습니다.

서울 시내의 시온

하나님이 주신 큰 꿈은, 각 분과의 전문의(專門醫)들과 연합하는 꿈입니다. 일반적으로 사람들은 의사와 신유 사역자가 서로 반대의 사람들이라고 생각합니다. 실제로 그 둘은 서로 욕하며 비난하기도 합니다. 그러나 나는 하나님께서 이 둘을 같이 쓰신다고 믿고, 그 사실을 세상에 알리기를 소원합니다.

실제로 의사는 하나님의 거룩한 동역자입니다. 하나님은 나와 같은 신유 사역자도 쓰시지만 의사를 통해서도 역사하십니다. 목사님에게도 기름부으심이 있어야 하듯이 크리스천 의사에게도 기름부으심이 있어야 합니다.

치유 센터에 의사들이 와서 치유 사역의 현장을 믿음의 눈으로 바라

봅니다. 한 환자를 위해 신유 사역자와 전문의가 함께 의논하고 주님의 뜻에 따라 합심하여 기도하는 아름다운 모습을 상상해보십시오. 신유 사역자에게 기도를 받은 사람이 정말 병이 나았는지 의사가 바로 확인해줄 수도 있습니다. 또 많은 전문의들이 각자 병원에서 기도하며 치료하는 장면도 제 눈앞에 선합니다. 치유 센터와 병원, 신유 사역자와 의사를 모두 자유롭게 쓰시고자 하는 하나님, 그분께 순종하는 많은 분들이 하루 빨리 연합하기를 소망합니다.

예배가 있고, 신유 은사가 일어나고, 병원이 있고, 에덴동산처럼 아름다운 곳, 그곳이 바로 이 땅에 도래한 하나님나라의 실체, 시온(Zion)입니다.

합력하여 선을 이루시는 하나님

월요치유집회에는 크리스천 의사들이 많이 옵니다. 그들은 의술을 통해 환자를 고치지만, 그들의 손에 성령의 능력이 함께하기를 소원하고 있습니다. 월요치유집회에 오는 의사들은 환자의 몸뿐만 아니라 영혼까지 치료하기를 원하는 분들입니다. 그래서 나는 그들에게 안수하고 기름부으심이 흘러가도록 전심으로 기도해줍니다. 왜냐하면 그 분들이 너무 귀하기 때문입니다. 그들이 성령님을 알고 성령님의 능력을 행하게 된다면, 그때는 정말 놀라운 일들이 일어날 것입니다.

한번은 월요일에는 치유집회를, 목요일과 금요일에는 하나님의 은사로 치유 사역을 하기 원하는 분들을 위한 치유사역자학교 과정(연중 3월과 10월에 초급, 중급 두 과정이 있습니다)을 인도했는데 피곤이 누적되어 심한 감기몸살에 걸렸습니다. 금요일에 강단에 서기 전에 기도했지만 너무 힘들고 피곤해서 제대로 서 있기가 힘들었습니다. 온 뼈마디가 쑤시고 아팠습니다. 기도하면 사라지곤 하더니 이번에는 전혀 그렇지 않았습니다. 몸 상태로 봐서 이대로 두면 일주일 이상 앓을 것이 분명했습니다. 너무 아파서 치유사역자학교에 참석한 분들에게 기도를 요청한 뒤 강의를 계속했습니다. 쉬는 시간에 수강하시는 분들 중 의사 한 분이 내게 다가와서 말했습니다.

"차에 몸살이 났을 때 맞는 주사가 한 대 있는데 맞으시겠어요?"

"그럼 고맙지요. 내가 이런 처지니 하나님께서 당신을 보내셔서 주사를 맞도록 해주시는 것 아니겠습니까. 의사도 하나님께서 쓰시는데 사양할 이유가 없지요."

또 한 자매도 다가와서 "저는 중의(中醫)와 카이로프랙틱(Chiropractic, 약물과 수술에 의존하지 않고 주로 의사의 손으로 질환을 치료하는 의학)을 전공한 사람입니다. 제가 목을 좀 만져드리겠습니다"라고 말했습니다. 짧은 휴식 시간 동안, 양의(洋醫)는 내게 주사를 놔주고, 중의는 손으로 내 몸을 교정해주었습니다.

그날 밤, 집에 돌아와서 하나님께 간절히 기도드리고, 나를 도와주었던 분들을 떠올리며 감사했습니다. 다음 날, 아침에 일어났더니 몸은 완전히 회복되었고 새 힘이 나기 시작했습니다. 하나님께서 양의와 중의 그리고 신유 은사까지 모두 사용하셔서 나의 질병을 치유하신 것입니다.

궁극적인 치유자

집회에 오는 사람들 가운데 많은 분들이 이렇게 묻습니다.

"기도 받고 나서 약을 끊어야 하나요? 이제 병원에 가지 말아야 하나요?"

그런데 그런 것은 절대 아닙니다. 그것은 정말 잘못된 생각입니다. 하나님은 의사도 쓰시고 치유 사역자도 쓰십니다. 약을 끊을지 말지 결정하는 일은 의사의 몫입니다. 그것은 신유 사역자가 결정할 일이 아닙니다.

병원에 가는 것을 믿음이 없는 행동이라고 생각하지 마십시오. 아픈 데가 있으면 치유집회에도 오시고 병원에도 가야 합니다. 하나님께서는 신유 사역자와 병원 의사를 함께 쓰십니다.

단, 하나님이 우선이냐 병원이 우선이냐 하는 문제에 대해 올바른 생각을 갖는 것이 중요합니다. 안수기도를 받아서 병이 낫더라도 하나님께서 하신 일이고, 병원에 가서 낫더라도 하나님께서 하신 일이며, 좋은 약을 발견하여 그 약을 쓰게 되는 것도 하나님께서 하신 일입니다. 그것을 믿는 믿음이 중요합니다.

어떤 질병이든 궁극적인 치유자는 하나님이십니다. 그분께서 의사와 약을 사용하셔서 낫게 해주시는 것입니다. 만약 당신이 여호와 하나님보다 의사나 약을 더 신뢰한다면 그것은 우상숭배입니다. 우상숭배가 잘못된 것이지 의사와 약 자체가 잘못은 아닙니다.

더 큰 은사를 구하고 기다리며

나는 꿈에서도 병든 사람들을 치유합니다. 아마 내가 신유 사역을 너무 사모하다보니 하나님께서 그런 꿈까지 꾸게 하시는 것 같습니다. 기사와 이적이 나타나는 꿈은 일상적으로 꾸고 있는데 최근에는 내가 생각해도 아주 놀랍고 신기한 꿈을 꾸었습니다.

꿈에서 어떤 형제를 보았는데, 그 사람의 왼쪽 다리는 정상인데 오른쪽 다리는 기형적으로 아주 짧았습니다. 왼쪽 다리는 무릎도 있고 발도 있고 발가락도 다 있었지만, 오른쪽은 손목만한 굵기라 다리 구실을 전혀 할 수 없었습니다. 그런데 내가 기도하자 그 다리가 점점 길어져서 정상적인 다리와 똑같아지는 것이었습니다. 너무 놀라 꿈에서 깼습니다.

나는 지금 그 꿈을 붙들고 있습니다. 능력의 은사(gift of power)가 주어지면 그런 일이 가능합니다. 능력의 은사는 형태만 있는 신체가 정상적인 크기로 늘어나거나 없던 신체가 생겨나는 창조적인 능력입니다. 하나님은 그런 일도 못 하실 리 없습니다. 다 하실 수 있습니다. 그래서 기도합니다.

"하나님! 그 능력을 주옵소서. 그런 일이 이루어지게 하옵소서."

남들은 가당치 않은 우스운 일이라고 생각하겠지만, 하나님께서 하시는 일에는 한계가 없습니다. 나는 그 일을 꿈에서 보았고, 그런 일이 일어날 것을 믿고 있습니다. 그래서 기도하며 나아갑니다. 하나님께서 그 일을 이루시는 날 나는 "할렐루야!" 외치며 하나님의 영광을 찬양할 것입니다.

내게 신유의 은사를 주시고 놀라운 성령의 역사를 이루어 가시는 분은 오직 하나님이시기 때문입니다. 고맙습니다. 성령님!

에필로그

복음주의 지성이
성령으로 깨어나기를 소망합니다

내 인생을 돌아볼 때마다 나는 "나를 기가 막힐 웅덩이와 수렁에서 끌어올리시고 내 발을 반석 위에 두사 내 걸음을 견고케 하셨도다"(시 40:2)라는 말씀이 떠오릅니다. '어쩌면 내 인생을 이렇게 잘 표현하고 있을까?' 라는 생각이 들 정도입니다.

아무리 생각해도 어리석고 부족하고 못난 저이지만, 살아갈수록 더 기쁜 것은 매일매일 하나님을 조금씩 더 알아가기 때문입니다. 기도할 때마다, 말씀을 읽을 때마다 아버지의 성품을 더 알게 하시고, 예수 그리스도의 사랑을 알게 하시는 성령님의 능력이 놀랍기만 합니다.

'대학교수와 창조과학자' 는 어울리는 조합이지만, '대학교수와 성령사역자' 는 여간해서 어울릴 것 같지 않은 어색한 조합입니다. 아마 지성과 성령님의 능력이 함께 나타나는 것을 두고 결국 물과 불이 섞이지 못한다고 여기는 일반적인 생각 때문인 것 같습니다.

대학생 때, 동국대학교 승려학과에 편입 시험까지 치렀던 나를, 하나님께서는 놀랍게 인도하셔서 주님의 일을 행하는 자로 세우셨습니다. 또한 '이 땅에 하나님나라를' 세우고, 예수쟁이를 '그리스도인으로', 신실한 사역자를 '기름부음 받은 사역자'로 전환시키는 소명을 주셨습니다. 그 일을 위해 나는 말씀을 전하며 치유 사역에 전력하고 있습니다.

평신도로서 업무와 사역을 병행하려니 늘 시간에 쫓기고 육체적으로 힘이 들었습니다. 하지만 평신도 사역자로 부르시는 하나님의 음성에 순종하여 열정적으로 사역하고 있습니다. 평소 '어떤 책을 쓰면 그 책을 읽는 분들이 나와 같이 기름부음 받은 평신도로 이 땅에 사도행전 29장을 쓰고자 하는 간절한 열망을 품게 될까?' 하는 생각을 해왔습니다.

성령님의 인도하심으로 만난 규장 출판사의 여진구 대표의 도움으로 마침내 또 하나의 문서사역을 할 수 있게 되었습니다. 특별히, 여진구 대표 한 사람의 성령세례와 방언체험을 통해, 100여 명이 되는 규장과 갓피플닷컴의 전 직원들이 성령세례와 방언을 받게 된 일은 이 책을 집필하는 데 큰 격려가 되었습니다.

이 책을 통해 기름부으심을 받은 평신도 전문 사역자가 수없이 일어나기를 간절히 소망합니다. 그 일을 위해 나의 경험을 예로 나는 다음 두 가지를 알리고 싶습니다.

첫째, 우리가 성령세례를 받을 수 있는 것이 하나님께서 은혜로 주신 믿음 때문인 것처럼, 성령충만한 가운데 하나님의 권세와 능력으로 살아가는 것 역시 자신의 행위나 노력이 아닌 은혜로 인한 믿음으로 이루어진다는 사실입니다.

> 내가 너희에게 다만 이것을 알려 하노니 너희가 성령을 받은 것은
> 율법의 행위로냐 듣고 믿음으로냐 _갈 3:2

> 너희에게 성령을 주시고 너희 가운데서 능력을 행하시는 이의 일
> 이 율법의 행위에서냐 듣고 믿음에서냐 _갈 3:5

둘째, 기름부으심은 엄청난 기도를 하는 특별한 목사님이나 하나님의 은총을 입은 몇몇 사람들의 전유물이 아니라 천국 백성의 정신을 가진 모든 그리스도인에게 임한다는 사실입니다.

> 하나님이 가라사대 말세에 내가 내 영으로 모든 육체에게 부어주
> 리니 너희의 자녀들은 예언할 것이요 너희의 젊은이들은 환상을
> 보고 너희의 늙은이들은 꿈을 꾸리라 그때에 내가 내 영으로 내 남
> 종과 여종들에게 부어주리니 저희가 예언할 것이요 _행 2:17,18

> 너희는 이 세대를 본받지 말고 오직 마음을 새롭게 함으로 변화를
> 받아 하나님의 선하시고 기뻐하시고 온전하신 뜻이 무엇인지 분별
> 하도록 하라 _롬 12:2

부족하지만 이 책을 통해 수많은 복음주의 지성인들이 깨어나기를 소망합니다. 마지막 때 하나님은 우리의 지성을 사용하시기를 원하십니다. 그러나 단지 지성만을 사용하는 것이 아니라 '하나님의 영에 사로잡힌 지성'을 사용하시기를 원하십니다. 그리하여 좁은 복음(good news)이 아닌 '천국 복음'(good news about kingdom)이 전파되기를 원하시며, 말씀만이 아닌 말씀에 따르는 능력이 나타나기를 원하십니다.

손기철

| 손기철 장로가 인도하는 **집회** 및 **교육** 안내 |

월요 말씀치유집회(HTM)

장소 | **선한목자교회 본당** (지하철 8호선 복정역 2번 출구)
일시 | **매주 월요일 저녁 7시**
말씀·치유 | **손기철 장로** (HTM 대표, 건국대 학장)

*장소와 시간은 추후 변경될 수 있으니 꼭 홈페이지에서 확인하세요.

HTM은 'Heavenly Touch Ministry'의 약어로 '하나님나라의 도래'와 '천국으로의 침노'를 지칭합니다. 우리는 회개함으로 구원을 받고, 우리 안에 계신 그리스도의 영(성령)으로 말미암아 하나님의 나라와 그 백성의 삶, 즉 하나님의 아름다운 덕을 나타내는 삶을 살아야 합니다. 우리는 이 땅에 도래한 하나님나라에서 그분의 뜻을 이루어가는 삶을 살아가야 합니다. HTM은 말씀과 치유로 그 하나님나라를 경험할 수 있는 집회와 하나님나라를 세워나갈 킹덤빌더들을 세우는 각종 훈련 프로그램으로 하나님나라 백성들을 섬기는 사역단체입니다.

‡ **교육 프로그램 운영**

1) **킹덤빌더스쿨** (Kingdom Builder School)
   하나님나라를 세워갈 권능 있는 킹덤 빌더 양성, 왕의 기도 집중훈련

2) **질병치유스쿨** (Healing Touch School)
   질병의 치유와 치유사역자가 되기 위한 집중훈련

3) **내적치유스쿨** (Inner Healing School)
   내면의 상처와 쓴뿌리 치유, 묶임으로부터의 해방

4) **치유사역자스쿨**

5) **목회자 훈련스쿨**

*자세한 소개 및 일정은 HTM 홈페이지를 참조하시기 바랍니다.

헤븐리터치

www.heavenlytouch.co.kr 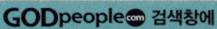 헤븐리터치 검색

이메일 htm0691@naver.com   전화 02-576-0153, 010-2450-8681   팩스 02-447-2039
후원계좌 국민은행 787201-04-069305 헤븐리터치

고맙습니다 성령님

초판 1쇄 발행	2007년 7월 16일
초판 122쇄 발행	2024년 6월 20일
지은이	손기철
펴낸이	여진구
책임편집	안수경
편집	이영주 박소영 최현수 김도연 김아진 정아혜
책임디자인	마영애 노지현 조은혜 이하은
홍보 · 외서	진효지
마케팅	김상순 강성민
마케팅지원	최영배 정나영
제작	조영석 허병용
경영지원	김혜경 김경희

303비전성경암송학교 유니게 과정
이슬비전도학교 / 303비전성경암송학교 / 303비전꿈나무장학회

펴낸곳   규장

주소 06770 서울시 서초구 매헌로 16길 20(양재2동) 규장선교센터
전화 02)578-0003   팩스 02)578-7332
이메일 kyujang0691@gmail.com   홈페이지 www.kyujang.com
페이스북 facebook.com/kyujangbook   인스타그램 instagram.com/kyujang_com
카카오스토리 story.kakao.com/kyujangbook
등록일 1978.8.14. 제1-22

ⓒ 저자와의 협약 아래 인지는 생략되었습니다.
이 출판물은 저작권법에 의해 보호를 받는 저작물이므로 무단 전재와 무단 복제를 할 수 없습니다.

책값 뒤표지에 있습니다.
ISBN 978-89-6097-026-7 03230

규 | 장 | 수 | 칙

1. 기도로 기획하고 기도로 제작한다.
2. 오직 그리스도의 성품을 사모하는 독자가 원하고 필요로 하는 책만을 출판한다.
3. 한 활자 한 문장에 온 정성을 쏟는다.
4. 성실과 정확을 생명으로 삼고 일한다.
5. 긍정적이며 적극적인 신앙과 신행일치에의 안내자의 사명을 다한다.
6. 충고와 조언을 항상 감사로 경청한다.
7. 지상목표는 문서선교에 있다.

하나님을 사랑하는 자 곧 그의 뜻대로 부르심을 입은 자들에게는 모든 것이 合力하여 善을 이루느니라(롬 8:28)

Member of the
Evangelical Christian
Publishers Association

규장은 문서를 통해 복음전파와 신앙교육에 주력하는 국제적 출판사들의 협의체인 복음주의출판협회(E.C.P.A:Evangelical Christian Publishers Association)의 출판정신에 동참하는 회원(Associate Member)입니다.